モンキーマインド

頭の中の〈おしゃべりなサル〉を手なずける

不安やストレスを解消し、
人生を劇的に改善する
10の方法

ドン・マクファーソン 著
外村次郎 訳

二見書房

HOW TO MASTER YOUR MONKEY MIND
by Don Macpherson

First published as How To Master Your Monkey Mind in 2020
by Bantam Press, an imprint of Transworld.
Transworld is part of the Penguin Random House group of companies.

Japanese translation published by arrangement with Transworld,
a division of The Random House Group Ltd.
through The English Agency (Japan) Ltd.

妻ジェーン、そして娘のケイティとハンナに捧ぐ

はじめに

あなたは心配性ですか？　日々あらゆる難題が、自分に重くのしかかってきますか？　ストレスや不安で心が曇りますか？　たとえ大きな問題に直面しても、より大きな自信と、より明晰な思考で対処したいですか？　仕事でも、人間関係でも、生き方全般においても、いつも、正しい軌道から外れまいとして、もがいていませんか？　毎晩**ぐっすり**眠れていますか？　食事のバランスはとれていますか？　まわりを見まわすと、ほかの人たちが――例《たと》えば、友人や、同僚や、赤の他人である有名人さえもが――自分よりも有能に見えて、「どうして彼らなんだろう。なぜ自分ではないのだろう」と考えたりしていませんか？　**もう、しなくていい心配はやめにしたい**と思っていませんか？

もしそうなら、あなたの人生は変わるかもしれません。**今、この瞬間から**――。

私は25年以上にわたって、マインド・マネジメントとメンタルヘルスを学び、これらの分野で仕事をしてきました。この本では、今も続けている研究と長年の経験を活《い》かしながら、皆さんがご自身の**脳をチューニングし**、**人生を変える**お手伝いをいたします。私の取り組みは、さまざまな知識がもとになっています。これまで、科学者や脳神経外科医たちと親密に仕事や研究を行い、仏教の教えを学び、臨床催眠療法の研究と実践を続けることで蓄積した知識を、ブレンドしてできた手法です。

こうした、互いに補足しあう専門分野の知識を組みあわせることで考案したのが、本書でご紹介する〈ツール〉という画期的なシステムです。この〈ツール〉を使えば、自分の人生を、もう一度自分の手でコントロールできるようになるはずです。この本には、ノウハウやアイディアがいくつも登場しますが、それは、私がクライアント——世間で注目されている人もいれば、一般の人びともいます——のマインドコーチを務めながら、科学的な実証実験を経て獲得できたものです。実験は多くの場合、かなりの負担がかかり、ときには高い危険性が伴う状況で行いました。ですから、皆さんには理論だけではなく、**実際に使える**〈ツール〉を伝授するつもりです。不安や、睡眠や、食生活や、自信や、人間関係などに関する問題には、どう対処したらいいのか。〈ツール〉がその答えを教えてくれます。私がお伝えするテクニックは、次のようなことに役立ちます。

- 呼吸の仕方を理解することで、呼吸そのものが変わっていきます。それが、自信と自制心で不安を抑えるのに役立ちます。
- 前向きなことばを使うことで、〈頭の中のサル〉を警戒するようになります。
- 古くからある〈カイゼン〉という技を学び、少しずつ生き方を変えていきます。
- ウィンブルドンを制したテニスプレーヤーが、何百万もの人びとが観ている中で、試合を決定づける大切なポイントをとるために用いた〈ツール〉を学びます。あなた自身の目標を頭に思いえがき、達成するヒントとなるはずです。

- 世界でもトップクラスの心臓外科医が、手術室という生死に関わる重圧の中で平静を保つために用いた発想を学びます。ストレスのかかる場面でも自信を保てるようになり、パフォーマンスが変わります。
- 新鮮な、落ち着いた気持ちで、人生に向きあえるようになります。あわてたり、あせったりせず、穏やかな気持ちになれるのです。
- 頭脳と自尊心というエンジンにターボがかかり、精神的な回復力と自信が高まります。
- 効果的に頭脳を使うことで、体の免疫力が高まります。
- 毎日ぐっすり眠れるので、目が覚めると、気分はさわやか、気持ちは前向き、動きだしたくて、うずうずします！

ではここで、私がずっと取りくんできた、いわゆる〈頭の中のサル〉という概念について説明しましょう。20年以上まえに読んだ本で、私は初めて、その由来を知りました。それ以来、現代の神経科学の包括的な知識を補充しながら、日々の仕事ではもっぱら、その概念に取りくんできました。そもそも、かなり複雑で、難解で、アカデミックなテーマです。複雑であるがゆえに、理解できない人が（とくに、すでに精神的な問題を抱えている人の中に）大勢いるのもわかります。だからこそ、こうしたテーマを扱いながら、できるだけ**幅広い読者層にとって親しみやすく、わかりやすいものにしたい**。それが私にとっての、長年の願いでした。

私が提案するユニークな〈ツール〉を学んでいただければ、逆境や葛藤から（それが現実に起こっている場合でも、これから起こりそうだと思える場合でも）立ちなおるためのノウハウが身につきます。〈ツール〉では、国際的なスポーツ選手や、有名人や、何百人もの一般の人びとがこれまでに試し、検証してきた、メンタル・トレーニング法を活用します。外面的な成功は、内面的な成功から始まります。ですから、自分の人生をコントロールして、自分自身のマインドコーチになれるように、この本には〈ツール〉を学び、マスターするためのノウハウが書かれているのです。

それぞれの〈ツール〉の説明のあとには、実際の事例をケーススタディとして載せていますので、〈ツール〉のノウハウが、いかに人の生き方を変えるかを、ご理解いただけるでしょう。

以前、ほかのかたが書かれたマインド・マネジメント関連の書籍をいろいろ読もうとしたことがあります。でも正直に打ちあけると、ほとんど途中で投げ出してしまいました。具体的なアドバイスやヒントを探していたのに、科学的な記述で煙《けむ》に巻かれてしまったからです。皆さんには、同じような過ちを繰りかえしてほしくありません。皆さんには、私が伝授する〈ツール〉で心をコントロールしてもらい、厄介な仕事はこちらにおまかせください。大昔からの教えや、催眠や、神経科学や、現代のマインド・マネジメントといった部分は、私が引きうけます。

皆さんの抱える問題がどれほど大きなものでも、どれほど行き詰まっていても、この本が授ける〈ツール〉と知識があれば、「悩む人（Worrier）」から「闘う人（Warrior）」へと、**永久に変身する**ことができるのです。

目次

パート3 悩む人から闘う人へ

「私に脳を見せていただければ、あなたに代わって脳をチューニングしてさしあげます。いや、いっそのこと、どうやって脳の不調を治してチューニングしたらいいか、どうすれば〈頭の中のサル〉に支配されずにいられるか、あなたに教えてさしあげましょう」

——ドン・マクファーソン

パート1

サルを手なずける人

〈サルを手なずける人〉の話

私はこれから皆さんの頭の中をいろいろと嗅ぎまわります。だとしたら、自己紹介ぐらいはきちんとしなくてはなりませんね。そうしなければ、失礼です。そこで、私がどういった経緯で、この、世界でいちばんやりがいのある仕事をするようになったかを、手みじかにお話しさせてください。

人生で最高の日々は学生時代だという人がいます。でも、どうしたらそんなふうに思えるのか、私にはどうしても理解できません。私の学生時代は決して最高ではありませんでした。むしろ、それとはほど遠いものでした。とにかく、勉強には打ちこめませんでした。また、打ちこもうともしませんでした。テストの時間は、いつもとんでもなく苦痛でした。もっとも、それは必要な勉強をちっともしなかったことに関係しているのかもしれません！　このように勉強嫌いだったうえ、さらに困ったことには、両親がどちらも人望があり、成功を収めた働き者でした。ふたりは、私が良い教育を受けられるように、あらゆることをしてくれました。それなのに当の息子は、どうやらその機会をまったく無駄にしてしまった、というわけです。

母は、ダービーシャー出身のきわめて聡明な女性で、グラマースクールの教師となり、やがて治安判事にまでなりました。

父は医師で、誰にでも診療の時間をさくという意味では、昔かたぎの古風な人でした。１９６０年代には、何ひとつ不自由のない医療機関でそろそろ医長になれるというときに勇ましくも職を辞し、代わりに、マンチェスターのはずれにあるハッターズリーという、いわゆる人口過密地区で開業医の仕事を引きうけました。

当時、その地区ではスラム街が取りこわされ、高層アパートの建築が進められていました。ハッターズリーは、中でもきわめて経済的に困窮した地区でした。それでも父は、その地区のアパートに住むことにしました。毎日、自宅から通勤するには遠すぎたのです。およそ2千人の住民に対して、医師は父ひとりでした。とても貧しい界隈で、人びとはみな日々のやりくりにさえ苦労していました。父は信じられないほど懸命に働きました。いつも患者にもっと尽くそうとし、いつも遠いところまで足をのばし、いつも自分を向上させようとしていました。

私は、まだまだ子どもでした。それでも、楽な仕事を辞めて、そういう大変な仕事を引きうけた父には、ただただ敬服していました。何年ものちになりますが、教会へ向かう父の葬列がハッターズリー地区を通り、道沿いに並んだ人びとが拍手で送ってくれたときには、大いに心を揺さぶられたものです。その光景に私は、いたく感激しました。あの日、父が助けてきた人たちが示した態度は、私の胸に深く刻まれました。みずから目にすることのかなわなかった父にとっては、最高の感謝のしるしだったはずです。

私が生まれたのは1949年、第二次大戦後の耐乏生活を強《し》いられた配給制度の時代です。子どものころ、まわりの大人はみんな戦争経験者でした。全員とは言いませんが、ほとんどの人は、大切な人を亡くしたか、少なくとも戦争そのものによって、個人個人が深刻な影響を受けていました。ですから、少年時代はどんな悩みを打ちあけたところで、こう言われるのがオチでした。

「悩みと言えるほどのことがお前にあるのか？　明日の朝も家は無事だろうかとか、父親は戦場から戻ってこないんじゃないかとか、思い悩む必要もないくせに」

あのころの子どもには、不安を抱えたり、悩んだりする時間があまりありませんでした。社会全体が、もううんざりだという空気に包まれ、はっきり言えば、疲弊していたのです。当時の大半の大人の、子どもに対する態度を言い表すとしたら、「人を寄せつけない態度」というのがぴったりです。

それとは対照的に、私は両親から、どんな人にも――ゴミの収集人であれ、億万長者であれ――敬意を払って接するようにしつけられました。街のいたるところで両親の姿を目にしましたが、どこから見ても彼らは「地域社会の一員」でした。ふたりは、少なくとも倫理感の面では、いかにも「北部の人間」でしたから、誰とでも同じように接し、会えば誰とでもおしゃべりをしました。はたして、それは私自身の世界観にも大きな影響を与えています。

ストックポート・グラマースクールの入学試験は、ぎりぎりで合格しました。しかし、ティーンエイジャーの私にとって、学校の勉強は〝戦い〟そのものでした。罰せられたことがなかっただけで、教室では落ちこぼれでした。私には少し反抗的なところがあって、それがどうにもなりませんでした。誰からその気質を受けついだのかはわかりません。両親はふたりとも辛抱強い人でしたから。とにかく、その気質のせいで、ときどき、ひと悶着を起こしていたのです。例えば、制服の帽子は絶対かぶらないとか。その結果、〝放課後の居残り世界最長記録〟を打ちたて、それはおそらく今も破られていないはずです！

クラスメートを笑わせようとして先生の声色をまねたりもしましたが、だいそれたことは何もしていません。ただのいたずら好きです。はじめのころ、成績通知表には「もっとできるはずです」と書かれていました。よくある文言です。そのうち先生たちも我慢の限界が近づいたのか、「もっとがんばらなくてはいけません」に変わりました。私が最終学年になるころ、先生たちにできたのは、せいぜい「怠け者のくそガキ」と書きたい気持ちを、ぐっとこらえるぐらいのことだったでしょう！

テストはほとんど赤点で、両親はがっかりしたにちがいありません。率直に言って、もうそのころには学校に見限られていました。もっとも、テストの点数がひどかったことで、かえって起業家につながりそうな、もっとクリエイティブな方向への道が開かれました。まあ、それ以外の道は閉ざされたのかもしれませんが……。でも、どうしたらそういう道に進めるのでしょうか？　そのときの私には、自分がどこに向かおうとしているのかも、何になりたいのかも、まったくわかりませんでした。

そんな私に幸運が訪れました。当時はさまざまな大企業が地元の学校と協力して、進学するつもりはないけれど実習生としてなら働いてみたいという生徒を探していたのです。ある日、いきなり呼ばれて校長室に行くと、モービルオイル社の男の人がいて、私に話しかけてきました。運よく気に入られたらしく、実習生として働いてみないかと言われました。こうして〝脱走ルート〟ができました。

捕虜収容所の正面玄関から大手《おおで》を振って出ていけるのです。トンネルを掘ることもなく。

私は、自分の運の強さが信じられませんでした。トールキンの『ロード・オブ・ザ・リング』を引用するなら、「さまよう人がすべて道に迷っているとはかぎらない」のです！

仕事は書類のファイリングでした。1967年4月といえば、まだコンピュータも登場しておらず、給料は、当時の金額で年に約7百ポンドでした。電車で通勤するのですが、私は最初の日から、その生活が気に入りました。まず、自分がいるのは学校ではない――それだけでも望外の喜びでした。しかも、配給制はすでに過去のものとなり、自分は17歳で、仕事も車も手にしていました。人生はまだ始まったばかりで、楽しいことだらけでした。60年代のマンチェスターは活気にあふれていました。マンチェスター・ユナイテッドがサッカー界に君臨し、街にはいつも有名バンドがいて、ナイトクラブには有名人がたむろし、あらゆるたぐいの興味深い人たちで活気づいていました。若者が暮らすにはうってつけの場所でした。

プロコル・ハルムの『青い影』を聴くといつも、青いジャケットに、白いシャツ、黒い靴という格好でディーンズゲートを通ってモービルオイル社へ出社する、若いころの自分が目に浮かびます。学校から逃げだして自由の身となった私は、窓が油で汚れていて店内がよく見えない〈マグネット・カフェ〉に毎日立ち寄り、卵とポテトフライとベイクドビーンズ（訳注：イギリスの定番の朝食）を頼んだものです。

書類のファイリング係として懸命に働き、昇進したら、いつのまにか、私の作成した書類を別の人間がファイルするようになっていました。でも、満足はしませんでした。そんな日々が1年ほど続くと、すぐに飽きたりなくなりました。私は、もっと世の中を知りたいというハングリーな気持ちを、いつも抱えていたのです。

次に私は、セールスマンとして車で外まわりをする仕事をまかせられました。やがてダンロップ社で求人募集があり、ついに転身を果たすことができました。ダンロップ社には、街の中心からはずれたアードウィックを拠点とする、大きな直売所があったのです。見込み客に電話をかける営業の仕事とはいえ、明らかにキャリアアップでしたから、やる気満々でした。

アードウィックで数か月働いたのち、バースに異動となりました。それ以来、ずっとバースに住んでいます（この本を執筆している時点で47年になります）。西部地方の人びとには好感を持ちました。私の北部アクセントをすっかり気に入ってくれたみたいでしたし、私も彼らの、のんびりした気質がとても気に入りました。空気もバースのほうが少し澄んでいるように思えました。もっとも、ビールはぬるくて、気が抜けていましたが。

私はさらに昇進して、外まわりの営業をまかせられました。みずから希望した仕事でしたから、断れるはずもありません。弱冠22歳で、社内で最年少のセールスマンになりました。ダンロップ社には15年ほど勤めました。給料はよかったし、同僚もほとんどいい人ばかりでした。それでもやがて、会社を辞めたいと思うようになりました。社風にしっくり溶け込めていない気がしたのです。そんなわけで、20代後半になると、またしても逃げ道を探すようになりました。ダンロップ社の仕事を休んでスポーツ用品店で一時的に仕事をしたのも、ちょうどこのころです。地元テレビ局の司会者の仕事に就こうとしたことさえありました。採用通知はもらったのですが、いざ働くとなるとバースから引っ越さなくてはならないとわかり、それはいやなので断りました。ですから、私のテレビ業界での輝かしいキャリアは、始まるまえに終わってしまったというわけです！

33歳のとき、ついにダンロップ社を去り、１９８３年にマーケティング・コンサルタントとして自分の会社を立ち上げました。さまざまなタイヤ会社を訪ねては、事業を発展させる手伝いをいたしましょうかと聞いてまわるわけです。その仕事はほとんどが、結果が出ないと実入りもないシステムですので、いきなり、なんの生活の保証もなくなりました。住宅ローンが払えなくなるかもしれないし、食事さえ、ままならなくなるかもしれません。しかし、いざ保証が何もないとなれば、人はハングリーでいられるものです。朝、目を覚ました瞬間、請求書の支払いをする手立てがないとなったら、どんなに疲れていようが、ストレスがたまっていようが、人はベッドから起きあがるものです。結果を出すことに意識を集中するものなのです。とにかく、そうしなくてはならないのですから。

最初の6年間は、がむしゃらに働きました。毎日がその日ぐらしで、たくさんの小口契約をやりくりして、ようやく請求書の支払いができるような日々でした。ときには、稼いだお金では足りないときもありました。その一方で、テニスをするようになりました。そして、プレーをした相手のひとり（すぐに友人になりました）が、たまたまミュージシャンのピーター・ガブリエル（訳注：ロックバンド「ジェネシス」の初代ボーカリスト）だったのです。ある日、ピーターに、うちの会社のサービスを利用しませんか、あなたのレコーディングスタジオの事業を伸ばすお手伝いができますよ、と言ってみたのです。その申し出は丁重に断られましたが、逆にピーターから、自分の知り合いにカトウ・ヒロシという日本人の企業家がいる、その人なら、君のビジネスから得るものが大きいかもしれないと教えてくれました。カトウ氏は、カーレースで有名なブラバム・ファミリーとも関わりがあるというので、本気でその人に会ってみたくなったわけです。

かいつまんで言うと、その後カトウ・ヒロシ氏に紹介され、あらたに親しい友人となったのが、モータースポーツ界のレジェンドでＦ１グランプリの世界チャンピオンに三度輝いた、ジャック・ブラバム大英帝国勲章四等勲爵士《OBE》だったのです。それからの数か月で、私とジャック卿は、お互いをよく知るようになりました。そして、１９８９年12月に行われたきらびやかなモータースポーツ関連の表彰式の場で、ジャック卿から、息子のデイヴィッドの面倒を見てくれないかと頼まれました。デイヴィッドは、かなり将来有望なレースドライバーでした。ジャック卿は、私がスポンサー契約やセールス、マーケティングの分野で長い経験があることを調べあげ、私なら、息子のデイヴィッドがハイレベルなモータースポーツの世界でキャリアを積んでいく中で、金銭がらみや政治がらみの落とし穴に落ちないように導いていく能力があると判断したのです。

そう言われたら、断れるはずもありません。その瞬間から私の人生は変わりました。

４年後、私はデイヴィッド・ブラバムとともにイーモラにいました。サンマリノＦ１グランプリが開催されていたのです。デイヴィッドは、結成されたばかりのシムテック・チームのドライバーでした。シムテックは若くて才能にあふれたニック・ワースがオーナーを務めるチームです。デイヴィッドにとってはF1参戦2年目でしたが、キャリアの最初のシーズンから、控え目に言っても、とてつもない成長曲線を示していました。ですから、その年の曲線は、さらに途方もないものになるはずでした……。

1994年4月30日の土曜日、サンマリノグランプリの予選が始まって20分ほど経ったときのことです。当時からF1のレーシングカーはとんでもなく速く、サーキットの側壁を通って自分の体を突きぬけていきそうな、ものすごいエンジン音を発していました。私はコーナーのあたりで観戦していました。実はその前日、その場所でルーベンス・バリチェロが練習中にかなりひどいクラッシュを起こしていたのです。それが、これから起こる惨事を予知するような、身の毛もよだつ前触れとなりました。

ふいに、あたり一帯がしんと静まりかえりました。それが意味するものは、ひとつしかありません。事故が起こったにちがいない――静寂がしばらく続いたということは、おそらくかなりひどい事故だ――私はそう思いました。

永遠とも思える時間が過ぎたあと、数台のレーシングカーが私のほうへゆっくりと向かってきました。不安な気持ちでデイヴィッドの車を探して目を凝らすと、その姿が目に入り、心底ほっとしました。でも、彼のチームメイト、ローランド・ラッツェンバーガーの姿が見えません。ローランドとは、その日もおしゃべりをして、レースでの幸運を祈ったばかりでした。あれから1時間も経っていません。その日の朝、私たちはホテルで軽く冗談を交わし、そのあと彼は愛車のポルシェに乗りこみ、サーキットに向かったのです。とても親しみやすい人物でした。ユーモアのセンスは抜群で、勇敢で優秀なドライバーでした。彼は、長年の夢だったF1参戦を、やっとのことでかなえたのです。

どれほど必死に祈ってもローランドの車は現れませんでした。サーキットを走行中、車のフロントウイングがわずかに損傷したのちに車体からはずれ、すさまじい速さで飛んでいったそうです。その瞬間からローランドは、車にただ座って何もできぬまま、時速290キロでコンクリートの壁に激突し、そのまま命を落とすことになりました。

ホテルに――もうローランドはいないホテルに――戻ったところで思い出しました。私は、翌日のレースに出場すべきだろうかとデイヴィッドから聞かれていたのです。私はそのときできた、ただひとつの答えを返しました。

「君だけだよ、それを決められるのは」

デイヴィッドはレースに出ました。それまでショックで打ちのめされていたシムテック・チームのメカニックたちの気持ちと士気は、これ以上ないほど高まりました。あのときのデイヴィッドの勇敢で私心のない決断は、もっと称賛されてしかるべきではないか。私は今でもそう思っています。後日、デイヴィッドにこう言われました。「チームを元気づけなくちゃいけないと思ったんだ。チーム全員が今していることを続けなくちゃいけないってね。だからレースに出ることにしたんだ。そう、チームのみんなのために」

残念ながら、ショッキングな出来事は、この痛ましい事故で終わったわけではありませんでした。翌日、グランプリレース本番の最中に、F1のレジェンド、アイルトン・セナが事故を起こして亡くなったのです。モータースポーツ界全体が悲しみに包まれました。誰もがショックを受けていました。2日間でドライバーがふたりも亡くなったのですから。

あの週末がきっかけとなりました。デイヴィッドのためにできる仕事は、まだまだあると気づいたのです。そのためには、F1レースにつきまとう、とてつもない精神的ストレスについて、できるだけ深く知らなくてはダメだと思いました。それも、ドライバーだけではなく、チームで働くひとりひとりについて知らなくてはなりません。ローランドとアイルトン・セナを失ったショックにどう対処したらいいのか——答えがわかっている人は誰もいないようでした。たくさんの人が、人知れず涙を流しました。でも、みんな、いったい誰に相談できたでしょう？　おそらく当時は、ただ家に帰って、自分でなんとかするしかなかったのです……。その上で彼らは——F1というサーキットの狂騒に関わる何百人もの人びと、世界中となると、さらに何万もの人びととは——わずか数日のうちに立ちなおり、次のレースであるモナコ・グランプリに向けて、仕事を再開しなくてはなりませんでした。

デイヴィッドとシムテックF1チームがローランドの死をきちんと受け入れられるよう、自分にできることがあればよかったのに——私は、そんな気持ちで胸がいっぱいになりました。でも、1994年当時の私には、自分に何がわかっていないのかさえ、わかっていませんでした。この週末の集団的トラウマは、当事者全員にすさまじい衝撃を与えました。私はと言えば、いつのまにか、自分自身や、人生の目的や、今後の進路について考えなおすようになっていました。

ピットの中を歩き、若いレーサーたちを見てまわると、明らかにショックを受けたままの者もいました。そのとき私たちのまわりを取り囲んでいたのは、デザインの隅々まで自動車工学の粋が尽くされたレーシングカーです。ナットやボルトのひとつひとつに最高の性能が詰まっています。ところが、この危険きわまりないモータースポーツに関わっているドライバーたちの心のケアとなると、何十年も遅れていたのです。

これが自分の使命だ。すぐにそう思いました。とりつかれたようにマインド・マネジメントについて猛勉強をはじめました。臨床神経科学から自己啓発書に至るまで、本を何百冊も読みました。学生時代にはほとんど本を読んでこなかったこの私が、貪欲な読書家となり、人の脳について書かれた本を次から次へと熟読したのです。心理学や、神経科学や、精神医学など、さまざまな本を調べまくりました……。対象分野が広がっても気にしませんでした。脳の働きに関することなら、誰の考えでもいいから知りたかったのです。

それ以上に私を動かす決め手となったのは、F1のピットレーンのあたりをぶらぶらしているという点で、自分は恵まれていると気づいたことでした。このむごたらしい人命の喪失をきわめて身近な問題としてとらえ、耐えている人たち、つまりレーサー自身にじかに会えるわけですから。もちろん、チームのスタッフにしても、大惨事には動揺していました。それでも、また同じ車に乗ってサーキットを走ってくれと言われるのはドライバーなのです。たとえ、あの死亡事故の原因について不明な点が、まだいろいろと残っていたとしても。

こうした状況に若いドライバーはどう対処したらいいのか？　彼らの運転にどのような影響が出るのか？　どういう人がいちばんうまく対処できるのか？　それはなぜなのか？　彼らの健康にはどういった長期的な影響が出るのか？　若いドライバーを救済するために、どのような制度が実施されているのか？

学ばなくてはならないものは、まだまだありました。それらを学ばなくては、彼らの役に立てません。ストレスや、遠征や、危険な状況にはどう対処してきたか、物事がプランどおりにいかないときは、どうやって立ちなおったかといった質問を、数名のレーサーにすることができました。小さな集団の中で競い合うＦ１戦士たちは、とても協力的でした。このような機会を得て、彼らから多くのことを学べたのは、とても運がよかったと今でも思います。

マネジャーからマインドコーチへと転身する私の旅は、すでに始まっていました……。私は〝回れ右〟をしてマインドコーチングの世界に入っていきました。そして、その仕事をしていく中で、生涯情熱を傾けられるものを見つけたのです。

新たな千年紀がはじまるころ、私はあるＦ１ドライバーのそばで仕事をしていました。その人とは、とても良好な関係を築いていました。いっしょにいて楽しい人でしたし、とても才能にあふれるドライバーでしたから、むずかしい仕事ではありませんでした。それどころか、彼が私から学ぶことよりも、私が彼から学ぶことのほうが多かったと思うほどです！

ところが、やがて思うようにいかなくなりました。ある日、彼から、私の「こまごました話」にちょっとうんざりしていると言われてしまったのです。つまり一対一のセッションのことです。もっと落ち着き、リラックスして、自信を持たなくてはならないという〝メッセージ〟は充分伝わったけれど、いつになったら、その〝ノウハウ〟を教えてくれるのか。彼はそう聞いてきました。無理もありません。彼はレースという戦いに持ちこめる〈心の道具《メンタル・ツール》〉を教えてもらえることを当てにしていたのです。ほかのどんな場面よりも、落ち着き、リラックスして、自信を持たなくてはならない場面で

実際に効果を発揮するツールを。

それでいっぺんに目が覚めました。それまでの私は、マインドコーチとしてまずまずの仕事をしているつもりでした。でも、まさに彼の言うとおりでした。もっと腕をみがき、勇敢なドライバーたちのために、もっと貢献してあげなくてはならないのです。それで、このF１ドライバーや、そのほかのクライアントからの意見に背中を押されて、実践的なノウハウやアイディアが詰まった私なりの〈道具箱《ツールボックス》〉を集めだしたのです。

〈ツール〉の中には、ゆっくり呼吸をして気持ちを鎮《しず》めるといった、どちらかと言えばすぐわかるものもありました。だったら、自信をとぎすますための〈ツール〉とか、もっと長く、もっと深く、もっと有意義に集中するための〈ツール〉はどうだろう？　あるいは、思考や生き方のスピードを抑

い、えるための〈ツール〉は？　もしくは、私のクライアントが何度も直面している最大の課題、つまり不安と取りくむための〈ツール〉は？

それから数年かけて、これらの〈ツール〉の改良、追加、拡大を行いました。そして、ついに、いわゆる〈頭の中のサル〉をコントロールしたい人なら、どなたにとっても役立つと思えるものができあがりました。

それは、大勢の世界クラスのスポーツ選手や、世間で注目されている人びとや、そのほか、さまざまな分野で成功した人たちの意見をもとに作りあげた、心の〈ツール〉のメニューです。これらはいわば、〈ツール〉が最も大きな意味を持つ瞬間、つまり戦いの真っ最中に作りだされた〈ツールボックス〉なのです！

〈頭の中のサル〉とはなんでしょう？

脳にすっかり心惹かれている私ですが、それでも現代の神経科学には、わけのわからない部分が、かなりあると言わざるをえません。これまで何年もかけて、山のように積みあげた、かなり読みづらい書籍や研究書をなんとか読破してきました。そして、「海馬《かいば》」や「扁桃体《へんとうたい》」といった、この分野の謎めいた専門用語をしっかり理解してきました。例えば、海馬というのは、実は人の感情を仕切るビッグボスで、記憶や知識について脳内で重要な役割を果たしています。扁桃体は、要するに人の感情の、さらには行動全般の最高経営責任者です。こうした専門用語について書かれた本を読むと――とりわけ、そういう本を読もうとする読者の中には、すでにメンタルの問題を抱えている人がいるかもしれないと考えると――かなり不安になります。ですから私は、こうした複雑な原理や作用は、できるだけわかりやすく説明するつもりです。

同じように考える人は大勢いるはずです。私としてはそう思いたいです。例えば、有名なうぬぼれ屋のアルベルト・アインシュタインを例にとりましょう。アインシュタインの脳は、科学者たちがついてみたら（おそらく彼が亡くなってからだと思いますが）、その重さは、平均よりも小さかったのだとか。いささか皮肉な話です。舌打ちされるまえに言っておくと、なにも自分をアインシュタインになぞらえているわけではありません。ただ、私たちにはひとつ共通点があります。ふたりとも、わかりやすさが好きなのです。実際、特許庁の職員から世界を変える天才となったアインシュタインは、かつてこう言いました。

「物事はできるかぎりシンプルにすべきだ。しかし、シンプルすぎてもいけない」

では、私が人からいちばん聞かれる質問も、シンプルにしてみましょう。

〈頭の中のサル〉ってなんですか？　サルというのは何者ですか？　どこに住んでいるのですか？　私たちに何をするのですか？

脳の働きについて広く研究していた私は、あるとき、仏教の教えに行き当たりました。それは、誰の頭の中にもサルがいる、サルはおしゃべりをし、過剰に反応し、騒々しく動きまわり、関心を引こうとして声を張りあげ、人びとに精神的な苦痛をもたらす、というものでした（訳注：「心猿」または「猿心」と言う）。この仏教の考えから生まれたのが、〈頭の中のサル〉という概念です。〈頭の中のサル〉はジャングルに棲息する、落ち着きのないサルに似ていると言われます。体を揺すって木から木へ移りながら、ありとあらゆることについて、なんの目的もなく（そして、たいていはなんの役にも立たない）実況解説をします。ひっきりなしに頭の中でぺちゃくちゃとしゃべり続け、アドバイスや指示をしてくるあたりは、ちょっとカーナビに似ています。

いろいろあるサルの務めのうち、主なものはふたつ。人を危険から守ること、そして、人が馬鹿なまねをしようとしたら、それをストップすることです。しかしこのサルは、ちゃんと手なずけておかないと、人の幸せに壊滅的で、しかもきわめて危険なダメージを与える力を持っています。不安や恐怖をあおったり、落ち着かない気持ちにさせたりすることができるのです。だからこそ、どうしたら自分のサルを手なずけて、破壊をもたらすような暴走を阻止できるかを学ぶこと――それが、幸せで充実した人生を送るための鍵となるのです。

さまざまなことが引き金となって、サルは短期間のうちに、人の生活にトラブルをもたらすことを学びます。四六時中続くストレスや、心配事や、不安を引き起こす状況、といったトラブルです。問題は、こうしたサルのおしゃべりを野放しにしておくと、行動のサイクルができあがり、それがあっというまに連鎖的に悪化してしまうことです。

現代の神経科学は、こうした昔からの考えにようやく追いつき、その正しさを証明しました。サルが騒々しく動きまわり、こうした問題を引きおこしているときは、きわめて特殊な神経科学的な作用が脳内で起こっています。つまり、サルは脳内に化学的な不均衡を引きおこすのです。

あなたも聞いたことがあると思いますが、運動の最中や運動後にはエンドルフィンが分泌され、楽しいことが起こったり、楽しいことを考えたりすると、〝幸せ物質〟セロトニンの分泌が誘発されます。それから、〝愛情物質〟オキシトシンや、言うまでもなく、〝報酬物質〟として知られるドーパミンも分泌されます。サルがストレスを抱え、脳内で暴走をはじめたとしたら、犯人はアドレナリンです。必要とされるアドレナリンの量にかかわらず、この場合はサルが、アドレナリン生成の最高責任者と言えるでしょう。サルは消火すべき火事を探し、差しせまった緊急事態を探しまわります。でも実際には、そうした事態はほとんど起こりません。

しかし残念ながら、この強力な化学反応がひとたび引きおこされると、心と神経系に大きな混乱がもたらされる場合があります。このような状態になった人に「落ち着け」とか、「心配するな」と言うだけでは効果はありません。

というのも、このようにアドレナリンが大量に分泌した脳内ですでに起こっている化学反応には、明らかなパターンがあって、スイッチを切るのは簡単ではないのです。コントロールされないまま、うっかりアドレナリン全開でしゃべりまくる状態になってしまったら、あっというまにその人は不安が高まってしまうのです。そうなると、状況はますます悪化し、ついには重大なメンタルヘルスの問題になりかねません。でも、どうやったらそれを解決できるのでしょうか？

人の脳は、左右ふたつの半球体からできています。クルミの実を割ると、半分にわかれているのと似ています。ここでは、それぞれ左脳・右脳としておきます。まず、左脳は、論理的なことにたずさわっています。サルはこの左脳に住んでいて、人の言語能力のみならず、分析能力や、判断能力や、計画能力や、処理能力をつかさどっています。もっとわかりやすく言うと、サルは「人の顕在意識」と呼べるかもしれません。

サルが眠りにつくと、〈夜間のフロント係〉が引き継ぎます。〈夜間のフロント係〉というのは、「人の潜在意識」です。主として右脳の働きであり、潜在意識の中では、人は考えずに直感で行動します。潜在意識は人の生活を〝より大きな全体像〟でとらえます。繊細で、ことばを用いず、人の五感すべてを使いながらも、直感に従うのです。

言うまでもありませんが、ホテルのフロント業務と同じく、潜在意識は決して休みません。日中は、意識、つまり〈頭の中のサル〉と〈うまくいけば〉緊密に組んで、効果的に仕事をします。潜在意識が単独で仕事をするのは、サルが眠りにつく夜間だけです。夜になると、この〈夜間のフロント係〉の出番となり、すべてが機能するように気を配り（心臓は鼓動しているか、肺は機能しているか、血液は流れているか）、睡眠が自然な段階を踏む（例えば、夢を見る）ようにします。意識、つまりサルがおよそ7時間後に目をさまし、一日のはじまりとともに任務を再開するまで、〈夜間のフロント係〉の仕事は続きます。

日中は、左脳と右脳が機械的かつ友好的に、いっしょに働いてくれたら理想的です。そうなったとき、人はすばらしい気持ちになります。バランスがとれ、地に足が着いたような、落ち着いた気分です。つまり、なんの不安もなく、自制がきいた気持ちになるのです。幸せで、健康的で、満ち足りた人生を送り、自分の潜在能力を最大限に活かしたいのであれば、すべての人にとって本当に必要なのは、そうした気持ちなのです。

ところが、左脳、右脳のどちらかがあまりにも（とくに左脳が）優位になったり、どちらかが一時的に〝不調〟になったりすると、それだけで、すぐに思わしくない事態になりはじめます。サルの場合、問題が生じるのは、サルが左脳にある自分の〝家〟から脳全体を支配しようとするときです。そうなると、ときには右脳が制圧されてしまいます。言ってみれば、がさつで大柄な客が、招待もしていないのに最悪のタイミングでパーティに押しかけてくるようなものです。でも、サルは自分を抑えられません。おせっかいを焼くのが好きで、人がしていることや、しようとしていることを見つけたら、ひっきりなしに助言したり、実況解説をしたりするのが大好きなのです。

ここで皆さんは、こう考えるかもしれません。もし、〈頭の中のサル〉がいなかったらどうなるのだろう、と。いい質問です。**〈頭の中のサル〉がいなかったり、まるで機能しなかったりしたらどうなるか**。実は、人はまったく別の理由で、ちょっとしたトラブルにおちいってしまいます。

ストレスや心配事が長引いたとき、しばらくそれらの解決法が見つからず、極度の不安が生じているとき、〈頭の中のサル〉は、それでも引き続き解決法を見つけようとして、機能不全におちいります。そうなると、左脳と右脳のバランスが慢性的にくずれ、うつ病など、さらに深刻な問題を抱えこみやすくなります。でも、心配はいりません。そうした段階になるまえに、できることはたくさんあるのです。

ひとつ覚えておいてください。私たちはみな、意識、つまり、〈頭の中のサル〉を必要としているのです。危険から守ってもらい、人生のフィルターとなってもらい、さまざまなプランを立ててもらうために……。でも、もしもサルが住んでいる脳の左半分に何か壊滅的なことが起こり、突然、〈頭の中のサル〉がいなくなってしまったらどうなるでしょう？　完全に「ただいま故障中（しばらく使えません）」という状態になって、〈頭の中のサル〉がいなくなったら、次のようなことが起こるかもしれません。

- 長期または短期の記憶障害
- 正常な状態から切り離されているという感覚
- 自尊心の欠如
- 頭の中の完全なる静寂
- 好き嫌いを感じなくなる
- 人間関係が希薄になり、対人関係で問題が生じる
- 生活に秩序や、計画や、まとまりがなくなる
- 心配事も、ストレスも、抵抗感もなくなる

・恐怖を感じなくなる
・恐怖症がなくなる（なんらかの恐怖症があっても気づかなくなる）
・ことばではなく、画像――ただし、色のない画像――で、ものを考えるようになる
・この美しい世界で、ぶらぶらしながら、ただ「そこにいる」ようになる
・人生を、大きな野外音楽イベントのようなものとして、とらえるようになる

以上の中には、けっこう、かっこよく思えるものもありませんか？　しかし――この「しかし」は、これまでのどれよりも重い「しかし」です――このようになってしまうと、危険というものをまったく察知できなくなります。そのような人生は、安全とは言えません。あらゆるリスクに、まったく気づかなくなるわけですから。こうなってしまうと、高速道路の追い越し車線を逆方向にジョギングしても、ちっとも危険ではないと思うようになるでしょう。

この概念について、具体的な話を使って説明しましょう。これまで世の中に専門知識を伝えてきた非凡な脳神経解剖学者のひとり、ジル・ボルト・テイラーの話です。脳内の血管が破裂して、脳出血（脳卒中）を起こしたとき、彼女はまだ37歳という若さでした。自分の容態を世界的権威としての目で観察しながら――まさに自分の脳が機能しなくなっていくのを目撃しながら――ジルは歩くことも、話すことも、読み書きもできなくなり、慢性的な記憶障害になっていくみずからの衰弱を、時系列に沿った記録として、なんとか世に残したのです。

〈頭の中のサル〉がまったく機能しなくなり、すっかり黙りこんでしまったらどうなるか。ジルはそれをリアルタイムで体験しました。頭の中の声が消え、つまりサルのおしゃべりも消えました。それでも右脳だけは機能していたので、穏やかでやさしい気持ちになったり、楽しさを感じたり、人を思いやったりすることはできました。しかし——ここもまた、重い「しかし」です——それはつまり、脳の左側の住人がいなくなったという証拠です。副操縦士の席が空っぽになり、飛行プランや着陸の指示が示されることもなくなりました。助言や分析をしてくれたり、彼女の面倒を全般的に見てくれたりする者は誰もいません。要するに、彼女はもはや「安全」ではなくなったわけです……。

ジルはこの体験を（母親の協力を得て）『奇跡の脳——脳科学者の脳が壊れたとき』（新潮社）という見事な著書にまとめました。過酷なほど物理的威圧を受けた脳がどのように機能するかについて、ジルはまさに類を見ない洞察をしています。私がこの本に出会ったのは、脳の機能不全について調べているときでした。彼女が語る内容は、私の教えている考えと、ぴったり合っていました。私にとってこの本は、今でも本当のインスピレーションを与えてくれる、そして、ものすごく触発される作品です。ぜひお読みになってください。ジルはそれまで誰もやったことがなかった方法で、左脳と右脳の関係に光を当てています。ジルはインスピレーション豊かな女性です。信じられないことですが、彼女はその後かなり回復し、研究と、教育と、仕事を、今も続けています。

ジルの過酷な体験から、はっきりわかります。私たちはみな、自分の〈頭の中のサル〉に感謝しなくてはなりません。というのも、サルはそれ相応の役割を果たしていて、私たちをいつも危険から守っているからです。とは言っても、サルは、**手なずけて、コントロールしなくてはなりません**。皆さんが生きているあいだずっと、サルがなんの制御も受けずに暴れつづけるようなことがあってはならないのです。コントロールする努力をしなければ、サルは皆さんの**自由放任主義的な**態度につけ込み、皆さんに代わって人生を仕切ってしまいます。そうなったら、物事がかなり混沌としてくるでしょう。あなたもお聞きになったことがあるかと思いますが、スポーツやライフ・コーチングの世界では「マインド・マネジメント」ということばが、やたらと使われています。でも、私がここで言いたいのは、これです。「サルには警戒を！」

この本で取りくんでいる神経科学を理解することがなぜ大切か——それをわかっていただけたら嬉しいです。その上で、皆さんの左脳と右脳がシンクロしているかどうかを確認しましょう。さらに大切なことですが、シンクロしていない場合は、脳をチューニングして調和のとれた状態にしましょう。その状態に戻ることができれば、脳はまた正常に機能します。

私は〈頭の中のサル〉という概念を20年以上にわたって学び、仕事で使ってきました。私のことを〈サルを手なずける人《モンキーウィスパラー》〉と呼ぶ人さえいます。最初にこのニックネームで呼んできたのは、女性のクライアントでした。私がその人のために録音した音声データ（クライアント用に、一対一のプライベートセッションの内容を20分ほどにまとめて録音したもの）で、私の落ち着いた、安心させるようなささやき声を聞いていたら、子どものころ、寝るまえにベッドで物語を読んでくれた父親を思い出したというのです。このニックネームは、どうやら定着したようです。

さあ、今度は私が、あなたのお役に立つ番です。あなたが心を鎮め、リラックスして、自信を持つお手伝いをします。さあ、がんばって、サルをコントロールしていきましょう！

パート
2

ツール

ツール 1

禅の呼吸

心を落ち着かせて、リラックスするには

25年以上、仕事で使ってきたあらゆる心の〈ツール〉のうち、クライアントからきわめて高い評価を得てきたのが、〈禅の呼吸〉と呼ばれるものです。この〈ツール〉がこれほど圧倒的に高い評価を受けていることには、正直なところ、驚いています。もっとも、私がマインドコーチを務める世界的なマラソンランナーでさえ、ときに効率的な呼吸法を忘れてしまうことを考えると、それほど驚くことではないのかもしれません。もともと〈respiration（呼吸）〉ということばは「呼吸する」という意味のラテン語〈spirare〉から派生したものです。そして、〈spirit《スピリット》（精神）〉や〈inspire《インスパイア》（考えを吹きこむ）〉も、この語根と直接関係しています。

信じられない話ですが、ほとんどの人は、きちんとした呼吸法がわかっていません。とても浅い呼吸——「胸式呼吸」と呼ばれたりします——を、つまり胸だけの呼吸や、主に胸を使った呼吸をしているのです。この「浅い呼吸」が身についてしまうのは、どうやら7歳か8歳ごろの、幼少期のようです。それより年齢の低い子どもたちは、見事なほどリラックスした呼吸をしています。もちろん、

まったく意識せずに、ではありますが。

呼吸がこのように変わってしまうのは、何と関連があるのでしょうか。子どもたちがまわりの世界をこれまで以上に意識するようになるからなのか、学校で指示されることが増えるからなのか、社会的な意識が高まるからなのか、同調圧力《ピア・プレッシャー》のせいなのか、そのあと〈頭の中のサル〉が子どもたちの暮らしにもたらす影響が大きくなるからなのか（その結果、議論はまだ続いています。いずれにしても、7歳か8歳を過ぎると、子どもたちの呼吸が短く、浅くなる現象が見られるようになるのです。そして、大人になっても、この効率の悪い呼吸の習慣は残ってしまいます。正直に言いますと、私も以前はこうした浅い呼吸をしていました。それが、正しい呼吸法を学ぶうちに、こうした非効率的な呼吸が心身に与える影響を理解できるようになったのです！

悪循環が起きています。呼吸が浅い人は、不安になりがちです。そして、残念ながら、不安になると、呼吸は浅くなりがちですし、もともと浅い人はその状態が続く傾向にあるのです。不安やストレスを抱えると、真っ先にコントロールできなくなる機能のひとつが呼吸です。心拍数は上昇し、脈拍は速くなり、胸は締めつけられます。体がほてるかもしれません。これらはすべて、体がきちんとした呼吸をしようと必死になっている証拠です。そして、〈頭の中のサル〉をコントロールしようとしても、それがむずかしくなっている証拠でもあります。不安の影響は横隔膜の機能にまでおよび、そのために浅い呼吸になってしまうのです。息が浅ければ、肺を酸素で満たせません。それが息ぎれにつながり、不安感を高めてしまうのです。

私は、この問題の背後にある科学的事実について調べてみました。そして、調べれば調べるほど、効率の悪い呼吸法は、ほとんどの人の日々の暮らしを台なしにしかねないことがわかりました。そこで、まずは自分の呼吸をなんとかしようと決心し、それが上達するにつれ、その改善ぶりに愕然としたのです……。

私は〈禅の呼吸〉ということばを使います。多くは「腹式呼吸」や「横隔膜呼吸」として知られているものです。これは1970年代に初めて学者たちのあいだに登場した概念で、その効果は長いあいだ認められています。個人的な意見を言わせてもらうと、〈禅の呼吸〉をするとすぐに不安がやわらぎ、人生の試練に直面しても、一歩引いて考える能力が目に見えて向上します。覚えておいてください。人は1日平均で約2万5千回の呼吸をしています。であれば、呼吸を制御できなくなったり、そこまでいかなくても、呼吸に落ち着きをなくしたり、呼吸についてあまり考えなくなったりすることが、さまざまな問題の原因になっているのではないかと、私には思えるのです。

〈禅の呼吸〉――このきわめて有益な呼吸法――がすばらしいのは、いつでも好きなように活用できる点です。誰にでも行う能力が備わっています。目のまえの問題や試練がどれほど乗りこえられないように見えても関係ありません。

では、〈禅の呼吸〉とはいったいどのようなものでしょうか？　不安をやわらげ、メンタルヘルスを良好に保つという点で、とても効果的なのはなぜでしょう？　端的に言えば、〈禅の呼吸〉とは、呼吸のコントロールを取りもどすこと――意識してコントロールすること――なのです。

まずは、しばらく滞在することのできる、静かなスペースを見つけてください。誰の邪魔もはいらず、〈禅の呼吸〉に取りくめる場所です。そうしたら、〈重力によって自分が呼吸のリズムと一体になれるように〉床に仰向けになり、片手をおなかの上（腹筋のあたり）におき、もう片方の手を胸において、横隔膜が動いているのを確認します。ゆるやかに息を吐き、息を吸うと、おなかにおいた手のほうが大きく上下に動くはずです。胸においた手が上下に動いているようであれば、呼吸が浅い証拠です。でも、問題はありません。それがわかれば大丈夫です。先ほど説明したように、上部胸郭ではなく、おなかが上下に動くまで、横隔膜を使って呼吸することに集中してください。

次に、カウントの仕方についてお話しします。まず、1から3まで数えながら、鼻からゆっくり息を吸い、そこで2秒ほど息を止めます。次に1から5まで（6でも、7でも、8でも、9でも、ご自由に！）数えながら息を吐きます。吐くのは鼻でも口でも、楽なほうで、かまいません。息を吸って止めるのは、ゴルファーがスイングするまえの一瞬のようなものです。準備がきちんと整い、自分をコントロールしている感覚が生まれる一瞬です。

このとき、**息を吸うよりも吐くほうを長くする**のがコツです。なぜかと言うと、息を吸うと、わずかですが、明らかに心拍数は上がります。ところが、息を吐くと、心拍数は下がるのです。つまり、吐く時間を長くするほど、体へのプラス効果は大きくなるのです。どのようなカウントをするかはその人次第ですが、私見では（さらにクライアントからの少なからぬ意見によれば）息を吸う時間より吐く時間を長くすることは欠かせません。これらすべてがリラクゼーション効果を引きだし、落ち着いて自分をコントロールしている感覚を生むのです。

こうして、しばらく、この呼吸法を続けてみましょう。やがて、くつろいだリズムが見つかり、おなかの上においた手だけが上下に動いている状態になります。そうしたら目を閉じて、自分の〈禅の呼吸〉のやさしいリズムと一体になって、呼吸にこう語りかけます。**もっとゆっくり、もっとゆっくり、もっとゆっくり……**。目は閉じたまま、息を吸うとおなかにおいた手がそっと上がり、息を吐くと下がる様子を頭に描きます（もちろん、その動きは手にも感じられるはずです）。

つまるところ、できるだけ長く〈禅の呼吸〉をして集中力を切らさずにいることは、瞑想をしているのと同じことなのです。瞑想はまさに精神の集中であり、心を整えるスキル**すべての**先頭に立っています（〈禅の呼吸〉が集中力にどれほど有益かは、のちほどツール5で触れます）。

ここでひとつ警告しておきます。初めてこの〈ツール〉を使うと、おそらく〈頭の中のサル〉の話す声が聞こえてきます。

「こんなの退屈だよ、メールをチェックしなくちゃ……。例のメッセージは送った？　犬はいつ散歩に連れていくんだい？　車の修理はどうするの？」

こうしたことは、ごく当たり前に起こります。こんなときは、自分は気が散っているのだという事実を落ち着いて受け入れる、それが秘訣です。自分の頭がぼんやりしていたと気づけた瞬間から、頭は再びはっきりします。気づくのが早いほど、リラックスした呼吸にすぐに戻せて、その効果を享受できるのです。

たとえ気が散ったとしても、くよくよしないことが大切です。くよくよしても、かえって落ち着きをなくすだけです。少しくらい呼吸のリズムが乱れても、それまでの努力が水の泡になるわけではありません。リラックスして、ゆっくり〈禅の呼吸〉に戻り、そのまま続ければいいのです。

理想を言えば、この〈禅の呼吸〉を、ほんの数分でいいので、毎日1回か2回行えば、その効果の大きさがすぐにわかります。何事にも言えることですが、習うより慣れろです。そのうち、この〈ツール〉に助けてもらいたくなったら、いつでも簡単に、しかも効果的に、スイッチをオンにできるようになります。

このように、全神経を〈禅の呼吸〉に集中しているとき、体の中では何が起こっているのでしょう？　心がリラックスしているだけでなく、体にも大量の酸素があふれています。肺は可能なかぎり効率的に働き、体が必要とする最適量の酸素を含んだ血液が生まれます。空気が鼻からはいり、肺に届き、心拍はだんだんと遅くなり、血圧は下がります。

〈禅の呼吸〉は、息を吐く時間を長くして横隔膜をリラックスさせることで、副交感神経系に働きかけます。それによって、交感神経系とのバランスをとるのです。この交感神経系が、サルのすみかです。〈禅の呼吸〉は、体のあちこちでアドレナリンが暴走する悪循環を断ち切り、その結果、不安をやわらげ、パニックを阻止します。

物事を考えすぎたり、不安を感じたりしていると、〈頭の中のサル〉に明瞭な思考を乗っ取られるか、少なくとも邪魔をされます。しかしこの〈禅の呼吸〉をしていれば、サルをもとの場所に戻し、心を鎮めることができます。サルが声を張りあげ、火に油を注いできても、〈禅の呼吸〉のスイッチをいれれば、それも止まり、心の落ち着きを取りもどせるのです。

〈禅の呼吸〉は、あなたの心の中に安全で小さな島を提供してくれ、何がサルを困らせているのかを教えてくれます。島というのは一種の避難所です。サルは回答と行動を求めてくるかもしれません。でも、あなたに必要なのは、支配するのは自分だと宣言する、わずかな時間だけです。呼吸をコントロールしていれば、思考や感情も支配している気持ちになれるものです。意識して自分と呼吸が一体になっているときはいつでも、あなたはまちがいなく、「今、ここ」にいます。まちがいなく現在を生きています。過去や、未来の「そうなったらどうしよう」に、引きずりこまれてはいません。

呼吸に集中することで、しっかりとこの瞬間に集中するのです。あなたの呼吸はいつでも、「この今というとき」にあります。そこまで集中していると、人生で大切なことは何か、何をなしとげようとしているのかが、はっきりしてきます。〈禅の呼吸〉はそうやって、試練に立ちむかうあなたに、レーザー光線のように鋭い集中力を与えるのです。

呼吸になかなか集中できなかったり、関係ないことをふらふらと考えて不安になったりするようであれば、息を吐きながらハミングしてみてはどうでしょう。それが呼吸に集中するためのアドバイスです。こんなことを言っても信じていただけないかもしれませんが、ハミングしながら同時に考えるのは、かなりむずかしいことなのです。そして、ハミングの音を立てれば、リラックスしているのが脳と体に伝わります。スポーツ選手の中には実際に、ストレスを感じたら口笛を吹いたり、ハミングしたりする人がいます。〈禅の呼吸〉についても同じ効果があるのです。

とにかく、続けていれば〈禅の呼吸〉のスイッチをすばやく手軽にオンにする習慣は、すぐに身につきます。意識した呼吸をすれば、心と体が一体となり、精神が安定し、心のバランスがとれて、足が地についた気持ちになれます。そして、感情も、思考——つまり〈頭の中のサル〉——も、体の動きも、自分がコントロールしているという、すばらしい気持ちが生まれます。

〈禅の呼吸〉はたいていの場合、誰にでも効き目がありますし、すぐに気持ちを落ち着かせてくれます。自分の真価を問われるような試練に直面したときに、呼吸が理想のレベルよりまだ浅いと感じるようであれば、そのときは追加のテクニックがあります。そうした、きわめて過酷な試練のために用意しておける〈3段階の深い呼吸〉です。シンプルですが、とても効果があるものです。

まず、最初に息を吐くときに「自分は落ち着いている」と声に出さずに考えます。二度目の息を吐くとき、今度は「そしてリラックスしている」と考えます。三度目に息を吐くときは「それに自信もある」と考えます。呪文《マントラ》と呼ばれる、こうしたセリフを用いることで、〈禅の呼吸ツール〉にさらなるパワーが加わります（マントラについては後出のツール2を参照）。心が穏やかになり、体がリラックスしてくると、両者が互いに働きあって、自然と自信が湧いてきます。するとたちまち、不安はおさまります。

このように、ときには〈禅の呼吸〉とマントラをいっしょに行ってみましょう。マントラだけでもかまいません。声に出さずに（あるいは声に出して）唱えてみるのです。「自分は落ち着いているし、リラックスしているし、自信もある」と。そうすれば、自分にはもっと能力があるような気がしてきますし、実際に能力は高まるはずです。たとえ、どのような試練に直面していようとも。

さて、これで〈禅の呼吸〉とは何か、この大切な〈ツール〉をどのように扱ったらいいか、**いつ**スイッチをいれるべきかがわかりました。毎日の暮らしの中でこの〈ツール〉が頼りになる典型的なシチュエーションには、2種類あります。事前の対応として使う場合と、事後の対応として使う場合です。

まずは事前に準備する形から。具体例としては、大きな会議や、プレゼンテーションや、スピーチが控えている場合でしょうか。私がマインドコーチを務めるスポーツ選手は、レースや大きな試合のまえに、さらには試合の最中にも〈禅の呼吸〉をしています。あるゴルファーなど、〈ライダーカップ〉でのかなりプレッシャーがかかるパットの最中に実行したと教えてくれました。グランプリレースのウォームアップラップで〈禅の呼吸〉を行ったレーシングドライバーもいます。彼らは、呼吸が落ち着くと体にエネルギーが充塡されると言います。あなたも、さまざまな試練に立ちむかうまえに〈禅の呼吸〉をすれば、同じようなプラス効果が現れるのです。

〈禅の呼吸〉はまた、事後対応の〈ツール〉としても目ざましい働きをします。エリートアスリートの場合も使い方は同じですが、〈禅の呼吸〉は、妙に不安になったり、ちょっと心配になったり、今こそ試練のときだといった、自分の気持ちに気づいた瞬間に、頼りになる〈ツール〉です。もしかしたら皆さんは、試験のひどい結果とか、思いがけない請求書とか、ストレスがたまる迷惑電話などを、これまでずっと受けとる側にいたのかもしれませんね。いきなりそうしたことが起こったら、私なら真っ先に（可能であれば）こうします。まずは座って（おそらく体に力がはいらない状況でしょうから、いずれにせよ、座ったほうがいいと思います）、できるだけ体は動かさず、支障がなければ目をつぶって、〈禅の呼吸〉のスイッチをいれます。その状態をできるだけ長く続けます。はじめのうち、しばらくは大変です。サルがこちらに向かって「とんでもないことをしやがって！」と大声を上げつづけるからです。それでもここでは、引き延ばし戦術をとらなくてはなりません。

しばらくのあいだは、プラス効果を感じられないかもしれません。でも、もう少しの辛抱です。〈禅の呼吸〉は、回転数が上がりすぎたあなたのエンジンを落ち着かせます。ですから、最後までやり通し、これをしっかり習慣づけてください。練習を続けてください。この〈ツール〉があなたにとって唯一の強い味方になる瞬間は、これから何度となく訪れるからです。

この呼吸法は、単なる私の思いつきではありません。神経科学の裏づけがあります。ジル・ボルト・テイラーなどの著名な脳科学者によると、ネガティブな考えが（というか、どんな考えでも）全身に行きわたるまでには、およそ90秒かかるそうです。どれほど不快な考えでも、確固とした考えでも、感情が込められた考えでも同じです。

感情と結びついた考えは、**決まって**、ほかの考えよりも強力です。とくにネガティブな考えや記憶の場合は。とにかく、いきなりアドレナリンや、それ以外の化学物質が襲ってきても、それから90秒間、〈禅の呼吸〉のスイッチをいれておければ、やがて消えてなくなるということです。

とても大切なことですが、〈禅の呼吸〉は、この本に登場するすべてのメンタルな〈ツール〉の中で、いちばん手軽に持ち運びができます。言うまでもなく、どこへでも連れていけるわけですから。このことは、かなり実用的と言えます。なぜなら、明らかにストレスがかかる状況や、不安を誘発するような状況以外でも、あなたの助けになるからです。例えばあなたが、体重を減らしたいとか、もっと食生活に気をつけたいと思っているとしましょう。〈禅の呼吸〉を行えば、それに反する事態を未然に防いでくれます。これからスーパーマーケットに出かけるとします。車から降りるまえに数分間〈禅の呼吸〉をすれば、心拍数と血圧が下がり、たちまち自分の中に平穏な感覚が生まれます。ドアを抜けて店内にはいると、焼きたてパンのにおいが漂ってきます。もしかすると、レジのそばに山と積まれたキャンディやチョコレートが目にとまるかもしれません。でも、あなたの気持ちはすでにゆったりと落ち着いています。〈禅の呼吸〉を行えば、〈頭の中のサル〉のまわりに押しよせるアドレナリンを落ち着かせ、正しい判断ができるようになるのです。

〈禅の呼吸〉は、私のお気に入りの〈ツール〉のひとつです。それは、目立たないからです。誰にも気づかれずに、意識した呼吸ができるのです。バスの中でも、地下鉄でも、店の行列に並んでいるときでも、飛行機への搭乗を待っているときでさえも。要するに、ほとんどいつでも、どこでも、できるわけです。もちろん誰にも知られずに!

〈禅の呼吸〉が劇的な成果をもたらすことは確実です。それは、私が何年もクライアントたちとともに実践してきたからです。クライアントの中には、エリートアスリートも、趣味のスポーツ愛好者もいましたが、いつも信じられないほど成果が現れました。

すぐれたパフォーマンスを見せるアスリートなら、いつでも体との調和がとれているはずだ、とお考えになるかもしれません。ある程度は当たっています。ところが、私のところへセッションを受けに来るスポーツ愛好者は――何年もかけて体にみがきをかけ、きたえてきた、完璧な肉体の見本のような人たちでも――呼吸をチェックしてみると、まるで正しくない呼吸法をしているのです。どの人も、上部胸郭で呼吸していました。

〈禅の呼吸〉がもたらす、もうひとつのすばらしいプラス効果がわかったのは、あるモータースポーツチームのアカデミーで、たくさんの若いレーシングドライバーと仕事をして、密度の濃い時間を過ごしていたときのことでした。レースの分析作業の一環として、心拍変動モニターという装置をドライバーにつけてもらいました。この装置は心拍数だけでなく、心拍と心拍のあいだの経過時間も測定できるので、呼吸の質がわかるのです。

こうした機器をつけた状態で〈禅の呼吸〉をしてもらうことで、正確なプラス効果を短時間で数量化することができました。レーサーが呼吸法を改善すると、心拍数は終始、規則正しくなりました。彼らがくだす意思決定も、より明確になり、当然のことながらラップタイムもよくなりました。

レーシングドライバーはデータを好みます。ラップタイムや、コーナリングのスピードや、タイヤの空気圧や、G値（訳注：加速によって生じる力）を知りたがります。データを貪欲に頭に叩きこみ、覚えたデータを活用してタイムを伸ばすのです。ドライバーたちに心拍変動モニターのグラフを見せて、〈禅の呼吸〉によってどれほど彼らが冷静になったか、集中力を高めたかを説明したときの、彼らの反応といったらありませんでした。この〈ツール〉が、世界最高のレーシングドライバーたち――心身ともに、とてつもないプレッシャーを受けている人たち――にこれだけ効果があるのですから、皆さんの毎日にどれほど絶大なプラス効果をもたらせるのか、おわかりになると思います。

最後に――現時点では個人の体験談しか裏づけるものがないのですが――呼吸をこのような形でコントロールすると、体の全般的な健康にもプラスになると考える人が増えています。体にとっての酸素の重要さを考えると、理屈にかなっているように思えます。

クライアントの中には、深刻な体の不調があったのに、毎日〈禅の呼吸〉をしていたら症状が改善したと報告してきた人もいます。ただもちろん、深刻な健康上の問題については、やはりかかりつけの医師に診てもらわなくてはなりません。それでも、きちんとした呼吸法が健康増進に本当に効果があるのかどうか――私はあると考えています――を知るためにも、彼らの経過観察の記録を読んでみたいです。

ここで、私たちが毎日行っている呼吸の回数――約2万5千回――に話を戻します。人の体が行う活動のうち、意識して行う場合と、意識せずに行う場合があるのは呼吸だけです。したがって、毎日、わずか5分でも〈禅の呼吸〉を行えば、いちじるしい効果が現れるのは明らかではないでしょうか。まずは（可能であれば）毎日、同じ時刻に行ってみてください。そうしたほうが、毎日のルーティンとして定着しやすいと思うからです。理想としては、5分続けるところからはじめて、20分まで延ばしてみてください。

〈禅の呼吸〉を一定時間、続ける練習をする。それが秘訣です。どうしても、しばらくすると気が散ってしまうからです。それでも辛抱してやり抜いてください。きっと効果が現れて、嬉しくなりますよ。

私たちは、めまぐるしい世の中に生きています。ですから、ゆったりとした呼吸は、人が自分のためにできることの中で、いちばん思いやりにあふれた、有益なものです。ふだんの呼吸がほんのわずかに向上するだけでも、より豊かで、より効果的な呼吸が一日に何千回も、あなたの心と体にもたらされるのです。もちろん、すでに不安を抱えている人にとっては、こういうやり方で静かに横になってゆっくり呼吸してくださいとお願いされても、最初はちょっとむずかしく思えるでしょう。それでも、とにかく**はじめて**みましょう。1、2分でもかまいません。それでも、数日のうちに、さまざまなことが改善していくのがわかるはずです。そのうち気づいてみたら、あらゆる状況において、〈禅の呼吸〉のスイッチを上手にいれられるようになっているでしょう。

白状すると、最初のころは、クライアントにこのノウハウの話をするたび、私は少し、ばつが悪い思いをしました。人によっては、わざわざ遠いところから私に会いに来たのに、呼吸の仕方しか教えてもらえないわけですから！　しかし、信じられないほどシンプルだからといって、そのアイディアがあまり役に立つものではないとは、必ずしも言えないのです。ですから、クライアントに対応するとき、私は何度も、話題を呼吸の成果に戻すようにしていました。

あるトップレベルのラグビー選手など、私から「赤ちゃんのような呼吸をしてみなさい」と聞いてから、メンタル面がすっかり健康になったと言っていました。呼吸に関するアドバイスは、もともと、ほとんど誰にでもわかっていることなのです。それでもお約束します。正しいやり方で行えば、〈禅の呼吸〉によって、あなたの人生は変わります。

さあ、がんばってみましょう。静かな場所を見つけて、横になり、おなかに手を乗せたら、ゆっくりと呼吸をはじめましょう……。

ケーススタディ

禅の呼吸

ドレイソン卿の場合

ポール・ドレイソンは華々しい成功を収めた起業家です。先の労働党内閣では、〈ビジネス・イノベーション・技能省〉の科学大臣を務めました。そして、レーシングドライバーでもあるのです。ポールは片方の目が不自由ですが、それをものともせず、ル・マン24時間耐久レースに出場しました。

ポールが自分を危険から守るためだけでなく、トップクラスのドライバーでいるために私に助けを求めてきたのは、彼が人生で直面してきたすべての試練を思えば、ちっとも不思議ではありません。本人が語っているように、〈禅の呼吸〉は、ポールが使っている〈ツール〉の中でも中心的なものです。彼はこの〈ツール〉によって、気持ちを鎮め、リラックスし、サーキットでの戦いに向けて心の準備をしているのです。2011年3月2日、ポールはオックスフォード大学で開催された「〈未来の都市〉産業フォーラム」に招かれて、スピーチをしました。その一部をご紹介します。

ずっと車が好きでした。育ったのはケント州のブランズハッチ近郊です。週末になると、風向きさえよければ、いつも谷の向こうからレースの音が聞こえてきたものです。有名なF1レーサーのそばまで近づけそうな日には、父がパドック周辺まで連れていってくれました。ティーンエイジャーになると、エンジニアになって車を扱う仕事がしたいと思うようになりました。そして2003年の夏、オウルトン・パーク・サーキットで、初めて本物のレーシングカー〈1963年式ACコブラ〉を、こわごわ走らせてみたのです。

これまで生きてきて、あれほど肝を冷やしたことはありません。車の姿をしたモンスターでした。私はそのモンスターのとりことなったのです。43歳になったとき、レースに出たいと思いました。それもル・マン24時間耐久レースでスポーツカーを走らせてみたいと思ったのです。仮に年齢がそれほどの支障ではなかったとしても、私は生まれつき片方の目が見えません。当時は知りませんでしたが、ル・マン耐久レースは、そうしたドライバーの出場を認めていませんでした（それをどう乗りこえたかという話は、別の機会に譲ります）。いずれにせよ、こうしたことがいろいろとあったにもかかわらず、気がついたら私はライセンスをとり、イギリス選手権で第2位にはいり、その後、世界耐久選手権のひとつであるル・マン24時間耐久レースにおいて、チーム〈ドレイソン・レーシング〉の一員として第3位に入賞していたのです。

レースに出場してきたこの7年間に、私を親身になって助けてくれたすばらしい人たちから学んだことがあります。そのうちのいくつかを皆さんにお話ししたいと思います。リスクが高く、不確かな状況でやり遂げるにはどうしたらいいか。私はそうしたことを学ぶ機会に恵まれました。例えば、（ル・マンの）約6キロの直線コース、ミュルサンヌ・ストレートを、雨が降る夜に時速320キロ以上のスピードで走るにはどうしたらいいか、といったことです。雨の夜にあそこを走るというのは、懐中電灯だけ手にしたまま、炭鉱の坑道に放りだされるようなものなのです……。

恐ろしく不確かな世界で生きのこるには

皆さんならどうしますか？　危険があっても出かけていき、可能性にすぎなかった危険を現実のものにしますか？

おびえるとか、プレッシャーを感じるといったことが、今はすべてわかります。でも、2010年のル・マン24時間耐久レースの前夜はとにかく眠れませんでした。あまりないことでした。ふだんの私でしたら、あっさりと眠りに落ちます。大きなイベントのまえでもそうです。ところがあの日は横になっていても、そのことがかえってストレスになりました。時間がどんどん過ぎていく中、眠りにつくためにいつもしていることをすべて試しましたが、どうにもなりませんでした。悶々として、それがどうしても止まりません。ずっと気になっていたのは、レースの最中にチームのボックス（訳注：整備のために設けられた停車スペース）を見逃して、すべて台なしにしてしまうんじゃないかということでした。その展開を頭の中で何度も繰りかえしました。想像の中の私は、ピットレーンを走りながらずっとキーマーカーを思いうかべようとしていました。せわしなく、車と、ライトと、駆けずりまわるクルーとで混乱した状況では、自分のチームのボックスなんて、あっさり見逃してしまいます。夜間となれば、なおさらです。

もうひとつ、私をしつこく悩ませたのは雨でした。それと、はっきり言えば、クラッシュです。怖かったのです。その数週間まえのレース中に起こった死亡事故のせいで、自信がぐらついていました。それで、こんな状態がひと晩じゅう続いたわけです。私の脳は、みずからと闘っていました。本来ならゆっくり休まなくてはならないときに。

レース当日となる翌朝、起きてみると、案の定、雨が降っていました。それを見て〈頭の中のサル〉が話しかけてきました。「きっと、お前の直感が『レースには出るな』と言ってるんだよ。お前はそういったことを固く信じてるんだろ。大きな事故を起こすかもしれないぞ。病院送りになって、もしかしたら死ぬかもしれない。お前がおびえるのには、ちゃんとわけがあるんだよ」

そこで、ドンから教わったことを思いだしたのです。サルの声が聞こえるのは、実は、自分の生存本能が働いている証《あか》しなのです。でも、今さらレースをやめるわけにはいきませんし、やめたいとも思いませんでした。仮にやめたいと思ったとしても、やめるわけにはいかなかったのですが。

そんなわけで、わずか数時間後にはユニフォームに身を包み、白い輪の中心にある自分の足を見下ろして立っていました。その白い輪は、76回目のル・マン24時間耐久レースを14番目にスタートするドライバーのポジションでした。そこから車まで走ってスタートさせるわけです。

スターティンググリッドに停めておいた車に乗ってミラーを見たら、左寄り後方の青と赤のザイテックのマシンに乗っていたのは、なんと、かつてのF1ワールドチャンピオン、ナイジェル・マンセルでした！　スタートまえのいつものルーティンをしていたら、頭に考えが浮かびました。「マンセルはありとあらゆる手を使ってお前に追いつき、追いこそうとするぞ。そして、充分に近づいたら、〈食うか食われるか〉みたいな動きをすぐに仕かけてくるかもしれない。ワールドチャンピオンになったのには、それなりの理由があるんだよ。あの男の度胸と完全燃焼しようとする姿勢は、すでに伝説だぞ。となると、追いつかせないほうがいいだろうな」

私はレースの世界に足を踏みいれたのが、かなり遅いほうです。プロのレーサーについていくのは――年齢が自分の半分しかいかないレーサーもよくいますが、そうであっても――かなり大変でした。元ワールドチャンピオンとなったら、なおさらです……。レーサーはリラックスしていなくてはなりません。おびえていたら、緊張してしまいます。緊張したら車の動きに対する感覚が鈍くなり、スピードが落ちます。それでも私はモーターレースの世界で、怖くなったときにどうやってリラックスするかを学んできました。すさまじいストレスがかかっているときに、どのように切りぬけるかについても。

例えば、昨年の8月もそうでした。私たちのチームは、アメリカ最大級のスポーツカーレース、〈ロードアメリカ〉でポールポジションをとりました。そのまえのレースで、私はスタートのときに大失敗をしでかし、車をスピンさせてしまい、大破の一歩手前までいきました。そんなわけで、口にこそ出しませんが、チーム内には、私がまた失敗するのではないかと懸念する空気が漂っていました。さらにスタート直前、燃料を満タンにしていたときでした。ホースコネクターに不具合が生じてガソリンが飛び散り、車の中にいた私は、それを頭から浴びました。つまり、ポールポジションについてはいたものの、ユニフォームの尻の部分はひりひりするわ、シートにはガソリンがたまっているわで、私はまた失敗をしでかすにちがいないと、誰もが覚悟していました。つまり私たちは、優勝できるかどうかの瀬戸際にいました。で、私がどうしたと思います?

ドンから教わったとおりにしたのです。前方の第1コーナーの入口に意識を集中して、ゆっくりと呼吸をしました。皆さんが、今夜の話から家に持ち帰られるものがひとつあるとすれば、これです。〈禅の呼吸〉はよく効く、ということです。

プレッシャーがかかっていて、それでもやらなくてはならない場合——スピーチをするとか、人に悪い知らせを伝えるとか、レースで快調なスタートを切らなくてはならないといった場合――には、1から3まで数えながら息を吸い、息を止めて2数え、1から5まで数えながら息を吐く。これを3回繰りかえすのです。脈拍は下がります。アドレナリンの分泌はおさまります。筋肉はほぐれ、脳はより明晰に考えることができるようになります。体にはエネルギーがみなぎり、すべては順調に動きだします。

どうか信じてください。本当によく効くのです。

正直、私にとっては目からウロコでした。それ以来、この〈禅の呼吸〉を何度も行ってきました。議会で演説をするときでさえも。実は今夜、この壇上に立つまえも……。

ドン・マクファーソンには全幅の信頼を寄せてきました。大切なのは、最高の人物から学ぶことです。いちばんすぐれた人についていくことです。そういう人の知恵を活かすのです。

皆さんの幸運を祈ります。すばらしい未来が待っていますように。ご清聴ありがとうございました。

ツール 2

サルには警戒を！

前向きにとらえることばを使って、ポジティブな思考をするには

「人生の質は、思考の質で決まる」

ツール1で自分を〈禅の呼吸〉に合わせるノウハウが身につきました。これからは、必要になったらいつでもスイッチをいれて、圧倒的な感覚――心地よいくつろぎと落ち着き――に浸ることができます。〈禅の呼吸〉は、穏やかさと歓びに満ちた人生を送りたいと考えているあなたの、強い味方なのです。

でも、私の警告を覚えていますか？ 〈禅の呼吸〉をしていると、ときどきサルの声が聞こえてきて、平穏をかき乱されるかもしれません。サルは、役にも立たないことをいろいろと言いながら、あなたの頭の中を駆けずりまわります。サルは〈禅の呼吸〉をしているときだけでなく、起きているときは昼夜を問わず、どんな時間帯だろうが、隙《すき》さえあれば、口をはさんできて、ひとりでぶつぶつ言

いだします。それどころか、しばしば最悪のタイミングで割ってはいってきては、困難な状況をさらにややこしくします。頭の中でサルがこんなふうにぺらぺらしゃべっていたら、平静を保つのも、集中するのも、熟睡するのも、かなり手こずります。もちろん、不安な気持ちに負けないようにするのも、ひと苦労です。

ですから、幸福を感じて人生を楽しむには〈サルに警戒する〉能力をみがくことが、絶対に欠かせないのです。

でも、これは具体的にはどういうことを意味するのでしょうか？　まず、脳内で起こっていることに話を戻しましょう。信じられないかもしれませんが、人は1日に約6万回も思考をしていて（誰が数えたのか、ぜひ知りたいものです）、思考の大半は数日まえからのものを——いわば、エンドレステープのように——繰りかえしている場合が多いそうです。その中には、「あの店のコーヒーをちょっと飲んでみるか」といった、まったくたわいもないものから、「次のテストに落ちたらどうしよう？とんでもないことになるかもしれない」とか、「夫は病気じゃないだろうか。このところ元気がないけれど……」といったものも、あるかもしれません。

つまり、内容の深刻さはいろいろかもしれませんが、頭に浮かぶ思考の分量だけで、すでに圧倒されてしまいそうなのです。仮にそうなってしまったら、自分の人生を仕切っているのはサルのほうではないか、自分はサルに言われるがままに行動し、サルの要求にただ応えているだけではないかと思えてくるかもしれません。まさにそのときこそ、〈サルに警戒〉しなくてはならないのです。それこそがマインド・マネジメントの核心なのです。では、説明しましょう。

まず、何よりも**肝心な点**を忘れないでください。**あなたがボスなのです**。ボスは本当のあなた――あなたの内面――であり、サルでは**ありません**。そうは思えないこともよくあるでしょう。でも、それが真実なのです。あなたが機長で、サルは副操縦士です。サルはアドバイスをします。でも決定権を持ち、最終的な決断をするのはいつもあなたです。**あなたが**ボスなのです。

〈サルに警戒する〉秘訣は、決定権は自分にあるとはっきり意識することです。この大原則を心に留めておけば、自分の思考に責任を負い、人生を変えることができるはずです。ご心配なく。いきなり、「ポジティブに考えましょう」などと言うつもりはありません。人がこのことばを口にするのをよく耳にしますが（善意で言っているのは確かです。これについては「パート3」でご説明します）、最悪の決まり文句かもしれません。これを口にする人は、ほかの人を助けようとして、結果的に失敗しています。不安やパニックで混乱している人が、はたしてポジティブに考えられるでしょうか？ うつ病を抱えている人に「元気を出して」と言うようなものです。「ポジティブに考えましょう」のほうが、わずかに有効ではありますが、根本的に馬鹿げています。たしかに、自分の身のまわりのことが完璧で申し分なければ、ポジティブでいるのは、わりと簡単でしょう。でも、健康上の問題や、職を失う不安や、人間関係にまつわるトラブルといった、もっと大変な出来事に見舞われていたら、はるかにむずかしいはずです。

そこで、新しいことばを学んでいただくことになるわけです。

ご心配なく。なにも真剣にフランス語のテストをしようというわけではありません。**〈前向きにとらえることば〉のノウハウを学んでいこう**ということです。そのためにはまず、あなたの頭の中をのぞかなくてはなりません。

あなたの心をグレードアップするためには、まず、あなたの思考の現在地を正確に把握しなくてはなりません。その基礎となるのが、ポジティブな思考とネガティブな思考の割合です。これを測るため、まずは自分の〈サルのおしゃべり〉に波長を合わせてください。これまで、サルがどれほど役に立たないかをお話ししてきたことからすると、意外に思えるかもしれません。でも、しばらくおつき合いください。とても興味をそそる話です。目からウロコが落ちるかもしれません。……さて、準備はいいですか？

（差し支えなければ）今していることの手を休め、できたら、どこか快適な場所に座るか、横になってください。目を閉じたければ、閉じてください。開けたままでもかまいません。そうしたら、何度か呼吸をします。ゆっくりと、深く、やさしく、安らかな呼吸です。そして、頭の中で起こっていることに注意を向けます。しっ、静かに……耳をすまして……聞こえますか？　今、ここであなたの頭の中では何が起こっていますか？

頭の中の動きに干渉してはいけません。ただ、子どもみたいな好奇心で気軽に観察してください。波長を合わせます。サルは何を目論《もくろ》んでいるのでしょう？　サルはなんと言ってますか？　落ち着いていますか、せかせかしていますか？　騒がしいでしょうか、それとも静かにしていますか？　そして、何よりも大切なことですが、サルの気分はネガティブ、それともポジティブでしょうか？　このとき、思考を説きふせようとしたり、思考と言いあらそったりしてはいけません……ただ、観察するのです。落ち着いてじっと聞き続け、この内面の対話を注意深く観察してください……。

ちょっとだけ警告します。初めて観察するときは、サルはいつもよりも後ろ向きな発言を多めに言ってくるものと考えてください。自分の〈サルのおしゃべり〉があまりにも後ろ向きで、驚いてしまう人もいます。でも、そうだったとしても**心配しないでください**。決してめずらしいことではないのです。いわば、脳が工場出荷時の設定を行っているのです。脳は、あなたを危険から守り、あなたが大丈夫かどうかを絶えずチェックしているのです。

何か後ろ向きなことばが聞こえたら、とにかくそのことばに注意を払ってください。サルの後ろ向きなおしゃべりの中には、あなたの脳が毎日何千回も聞いている、あらゆる種類のことばがあるはずです。そうしたことばが思考を形成し、今度はその思考があなたの幸福に、さらにはあなたの人生観や人生経験にも、かなりネガティブな影響を与えるかもしれません。まさにそういったことばを、これから〈前向きにとらえることば〉で変えていこうというのです。

私の個人的な体験から例をあげてみましょう。ネガティブな考えの中には、「自分の実力では、これはできないと思う」とか、「こんなことをするなんて、自分は何を考えているんだろう？」といった、はっきりしたものもあります。しかし、もっと微妙なものもあります。私は、初めてじっくりと〈サルのおしゃべり〉に耳をすましてみたとき気づきました。試練に直面するたび、私の内なる声は

「なんとかやってみる」と言っていたのです。聞こえはいいですよね？　でも、よくよく考えてみると、「なんとかやってみる」というのは、自分に自信がないことのあらわれです。これは自分を失敗に導きます。健康な体になれるように「なんとかやってみる」としたら、本当になれると思いますか？　アルコールを控えるように「なんとかやってみる」として、どれくらい続くと思いますか？　夜の8時に待ち合わせて地元のパブでビールを飲もうと友人を誘い、相手が「なんとかやってみる」と答えたとしたら、その人は本当にやって来ると思いますか？

自分が「なんとかやってみる」というフレーズを使っていると気づいた時点で、私は決心しました。サルがそのことばを使っているのを見つけたら必ず、別の前向きなことばに言いかえることにしたのです。「なんとかやってみる」とは考えず、「ベストを尽くす」、あるいは単に「やってやる」を使うようにしました。もっといいのは、「私は必ずこれをする」でしょうか。ところが、正直なところ、やさしそうに思えたこの作業は、当初考えていたよりも、はるかにむずかしいものでした。何度も失敗を繰りかえしました。「なんとかやってみる」が自然に出てきてしまうことに自分で驚きました。あまり前向きなことばではないとわかっていてもです。それでも、この本に登場するすべてのノウハウと同じで、「習うより慣れろ」です。やがて最後までやり抜いて、〈頭の中のサル〉を説きふせることができました。「なんとかやってみる」は、もう私の頭の中のボキャブラリーではなくなりました。

〈前向きにとらえることば〉というのは、ことばを選ぶことで、人はもっとポジティブに考えられるようになるということです。そのためには観察が必要です。そして、根拠がなく、不適切で、あまりに慎重で、あまりに制約的で、あまりに曖昧な、ネガティブな思考を特定しなくてはなりません。こうした思考やことばの多くは、よかれと思って出たものです。でも、結局のところ、まったく役に立ちません。ですから、日々の自分との対話から排除しなくてはなりません。後ろ向きなことばには、行動する意志を破壊し、力を奪って脆弱化させるといった影響力があるのです。クリプトナイトという鉱石がスーパーマンに悪影響を与えるのと同じです。ですから、あなたにとってのクリプトナイトが存在するとしたら、それを認識して、すみやかに解毒剤を開封するのが不可欠です。その解毒剤こそ、〈前向きにとらえることば〉なのです。

〈サルのおしゃべり〉に出てくるフレーズを書き留めておくと、おそらく役に立つはずです。私のリストにはまちがいなく、先ほどの「なんとかやってみる」が記されることになるでしょう。あなたのリストはどうですか？　原因が特定できたら、もっと前向きで役に立つ、代わりのことばをその隣りに書いておきましょう。実例をいくつかお見せします（別掲の表を参照）。

リストを記した紙をいつも手元においておき、こうした後ろ向きなことばやフレーズが頭に浮かぶたび、ちらっと見るようにしてください。お気に入りとなった代わりのことばを思い出して、それを使う練習を積んでください。ことばや思考をもっと前向きなものに変えるのは、一種のメンタルスキルです。すべてのスキルと同じで、練習を積めば積むほど、上達します。

この作業は、これまでとはちがう、もっと〈前向きにとらえることば〉を用いているだけではあり

後ろ向きなことば	前向きなことば
プレッシャーがかかって、自分にはどうにもならない。	私はこのプレッシャーを受け入れる。プレッシャーがかかるのは、むしろ名誉なことだ。
失敗するのではないかと心配だ。	心配の波なんてサーフィンみたいに乗りこなしてやる。
緊張してるし、不安だ。	落ち着いてるし、リラックスしている。
失敗したらどうしよう？	失敗なんてものはない。あるのは学びだけだ。
私はあまり優秀じゃない。	私は積極的だ。私ならできる。自信もある。
前回みたいに失敗したらどうしよう？	前回なんてものはない。あるのは今、ここ、今回だけだ。
不安の虫がさわいでいる。	不安の虫も役立つことがある。ときには集中力を生む。虫が正しい方向に進んでいけばいいだけのことだ。
私にはできそうもない。	準備は充分に整えたから大丈夫。
いつも人生に悪戦苦闘している。	人生はダンス。私はダンスをしているんだ。
私はものすごい心配性だ。	どんな心配事からも逃げずに向きあう。
あまりにもついてない。自分がかわいそうだ。	今日はついている。めぐり合わせに感謝したい。
ノー！	イエス！
できない！	できる！

ません。**自分の思考をコントロールしています。**〈サルに警戒する〉ノウハウを学んでいるのです。ツールとしては比較的シンプルですが、かなり強力です。これを使えば、脳内の思考の全体的なバランスを、ネガティブ寄りからポジティブ寄りに変えることができます。脳の専門家の中には、しつこくて迷惑なネガティブな思考はかき消し、ポジティブな思考との比率を5対1にまでしなくてはならないと考える人がいます。これは、多くの場合、ネガティブな考えのほうが頑丈で強力だからです。ですから、かき消さなくてはならないわけですが、決して「なんとかやってみる」ということのないように……。とにかく作業にとりかかってください。

ネガティブな考えは、頭の中で自由に歩きまわらせてしまうと、ますます力をつけてきます。ですから、潜在意識に入り込ませないことが肝心です。入り込んでしまうと、取りのぞいたり、変更したりするのが、かなりむずかしくなります。そこでお伝えしたいのが、自分のボキャブラリーを〈前向きにとらえることば〉でいっぱいにするノウハウです。名づけて〈サルを切りかえろ！〉です。

何をするかというと、ネガティブな思考の存在に気づいたら、それを抑えたり、否定したりはせず、できるだけすみやかに、もっと前向きなことばや思考に切りかえるのです。あなたが印をつけておいた後ろ向きなことばやフレーズが登場するたび、この切りかえを行います。**さあ、急いで！　サルを切りかえて！**　楽しみながら、一種のゲーム感覚で、後ろ向きなことばや思考をひっぱたき、追い払ってください。こうして、強力で前向きなことばに切りかえる練習を積んでおけば、後ろ向きなものが潜在意識までたどり着くことはありません。**やっつけろ！　ぶん殴れ！　やっつけろ！**　最後にあなたの顔に笑みが浮かんでいたら、あるいはサルをやっつけたときに声を上げて笑っていたら、目ざましい進歩を遂げたことになります。

私のクライアントが気に入っている、別の方法もあります。テレビのリモコンを想像してみるのです。そろそろ好きな番組がはじまるのでテレビのスイッチをつけたら、別のチャンネルになっていて、最悪の番組が映ったらどうします？　**すぐに**リモコンをつかんでチャンネルを変えますよね！　自分の思考にも同じことをするのです。〈頭の中のサル〉が自分に話しかけているのに気づいて、それがまるで妥当でなく、役に立たないものであるとわかったら、できるだけ早くリモコンを見つけて、好きなチャンネルに変えるのです。

忘れないでください。あなたが目指すのは、後ろ向きなことばを**すべて**排除することではありません。公平を期すために言っておくと、サルの「それはやめておけ」式のアドバイスは、あなたの命を救うこともあるでしょう。例えば、もしもあなたが前方をよく見ないで、車の通りが激しい道路を渡ろうとしたら！　でも、ここで私が言いたいのは、思考のバランスを変えて、もっとポジティブ寄りにするべきだということなのです。〈前向きにとらえることば〉は、ネガティブな思考がポジティブなことばや思考を支配したり、圧倒したり、かき消したりするのを阻止します。極端な例で言えば、もしも後ろ向きなことばや思考が野放しにされたら、深刻な恐怖症をわずらったり、メンタルが危機的な状況におちいったりするかもしれません。そこまで深刻な状況にはならなくても、自分の内面のことばについては、もっと賢明な選択をしなくてはならないことに変わりはありません。

〈前向きにとらえることば〉は、後ろ向きなことばや思考をその場で止める、あなたの心のプログラムです。いちばん大切なのは、後ろ向きなことば（あるいは「優柔不断な」ことば）に気づいたら、その妥当性を疑って、もっと前向きなことばに替えるよう、すぐさまサルに伝えることです。〈前向きにとらえることば〉を使えば使うほど、あなた自身がもっと前向きになります。まさにそれこそ、成功した人たちがしていることです。本人は気づいていないかもしれませんが。

ここで、私が長年仕事をしてきたテニス界から例をあげてみます。世界ナンバーワンのプレーヤーであるノバク・ジョコビッチは、後ろ向きなことばを「やればできる」式のことばに変えることで、〈頭の中のサル〉を手なずけられるようになりました。ジョコビッチはかなり長いあいだ、フィジカル面では、ほかのどのプレーヤーにも引けをとらない選手でしたし、おそらく技術的にもかなりすぐれていましたが、世界ランキングでは何年も3位あたりをうろうろしていました。それがあるとき、もうひとつできることがあると気づいたのです。そして、もっとポジティブですぐれた思考ができるように脳をチューニングしました。自分自身と内なる対話をする際に、とんでもなく前向きで、自分の能力に対する自信を後押しして刺激するようなことばを使うことで、これをなしとげたのです。こうしてジョコビッチは、自分への信頼という炎をかき立てることができました。本人も認めていますが、世界テニスランキングのトップにのぼりつめることができたのも、テニス史上、最高のプレーヤーのひとりになれたのも、そうした思考に負うところが大きいと言えます。ジョコビッチは〈前向きにとらえるポジティブなことば〉に堪能になりました。あなただってなれるはずです。

さて、あなた自身の〈前向きにとらえることば〉のレッスンはもうはじまっています。そこで、新しいことばをすばやくマスターするお手伝いをいたします。どうやって？　あなたが、「次はヨガをやりましょうと言われるんじゃないの？」と思うまえに言っておきます。ご心配なく。そんなことは申しません！　ここでは、マントラの概念を紹介します。

マントラというのは、もともとはサンスクリット語で、「心のツール」という意味です。「マン」が心、「トラ」がツールです。歴史書によれば、マントラの起源は紀元前3千年までさかのぼり、仏教や、ヒンドゥー教や、シーク教の経典に、そのルーツがよく見つかるそうです。マントラは「神聖なことば」とされていて、ひとつの単語から成る場合もあれば、いくつかの単語でできている場合も、短い韻文である場合もあります。声に出して唱えても、黙って心の中で唱えてもかまいません。それぞれの状況に応じて、一度だけ唱えてもいいし、何度も繰りかえしてもいいのです。

マントラは、ネガティブな思考や、ことばや、感情を封じこめるのに、きわめて有効です。ですから、私はこれを〈モンキー・ブロッカー〉と呼んでいます。一例として、現代のあらゆるマントラの中で最も有名なものを見てみましょう。モハメド・アリの「最も偉大なのは私だ（I am the greatest）」です。アリは実際に、世界で最も偉大なボクサーになるかなりまえから、このフレーズを何度も繰りかえしていました。そして、このマントラには効き目がありました。アリ自身の（無理からぬことですが）ストレスがたまった心配性の〈頭の中のサル〉を、完全に封じこめることができたからです。アリはそれまで、リングに上がったボクサーの中でも、きわめて危険で、暴力的で、相手に恐れられた人たちと対峙してきました。ですから、アリの〈頭の中のサル〉が驚いて、彼の頭を「そうなったらどうしょう」式の心配で満たしたとしても不思議ではありません。でも、アリは耳を貸しませんでした。すべての人に——自分自身にさえも——「最も偉大なのは私だ」と言い続け、ついにはそのことばが現実となったのです。

あなたのマントラは、あなたにとってきわめて私的なものかもしれません。でも、はじめるまえに、私が先ほど強調した後ろ向きなフレーズと前向きなフレーズを振り返り、後者を使うことを意識してみてください。インスピレーションが湧く別のマントラとしては、トップクラスのスポーツ選手がよく唱えている「ロック・イン」というものがあります。世界レベルのスポーツ選手が何人も、困難な状況でこのことばをつぶやいています。彼らによれば、これを唱えると、頭がかなりさえた状態で目のまえのタスクに集中できるのだそうです。「ロック・イン」というのは、結果ではなく、今やっているタスクのみに自分の意識を封じこめるという意味です。スポーツの世界では、「トリガー」と呼ばれることもあります。結果ではなく、取りくんでいるタスクだけに完全に意識を集中させ、後ろ向きな〈サルのおしゃべり〉を封じこめるのです。

どの言いまわしを選ぶにしろ、マントラは声に出して唱えても、声に出さずに唱えてもかまいません。そして、好きなだけ繰りかえしてかまいません。マントラを唱えるもうひとつのプラス効果は、唱えているあいだはサルの声が聞こえなくなることです。子どもは叱られると耳をふさぎます。それと少し似ています。人がマントラを唱えるのは〈サルのおしゃべり〉を遮断するためなのです。

ここで私は、なにもチベットの修行僧になって、山の中腹に座り、自分のためにマントラを唱えろと言っているわけではありません。〈前向きにとらえることば〉を身につけ、〈サルのおしゃべり〉の中身を意識し、そこにマントラが加われば、きわめて強力なノウハウのトリオができあがるのです。それはきっと、あなたの人生観を変える手助けをしてくれるはずです。

このように〈前向きにとらえることば〉は、サルを鎮めてコントロールするのに役立ちますが、そのことで最後に愉快なアドバイスをひとつ。いつの時点だったか——それが正確にいつだったか、どういう理由だったかは正直なところ覚えていないのですが——私は自分のサルを〝マイク〟と呼ぶことにしました。思わず抱きしめたくなるような、大きなぬいぐるみまで買い求めました。ぬいぐるみのマイクは今も私の事務所の長椅子の上に座っています。私に会いに来た人すべてに紹介しますし、学校でも、大学でも、スポーツクラブでも、講演にはよく連れていきます。そのほうが場をなごませやすいし、聴衆も笑ってくれます。たちまち肩のこらない雰囲気になるのです。

クライアントの中にはマイクに会ったあと、自分のサルにも名前をつけた人がいます。これには驚きましたし、嬉しかったです！　すぐに気づいたのですが、このように名前をつけることには絶大な効果がありました。クライアントは、より友好的な、親しみやすい形で自分の内面の対話に理解を示すようになりましたし、サルのおしゃべりや、自分の思考や感情をもっとコントロールする作業への弾みがつくようになったのです。私はさらに多くのクライアントに、自分のサルに名前をつけることを勧めました。というのも、クライアントの反応を見るかぎり、名前をつけることによって、いま抱えている問題や試練を別の角度から見られるようになり、そうした問題に新たな意味や視点を見出せるようになったからです。しかも、そう、少なからぬ数のクライアントが、自分専用のぬいぐるみまで買いました！

彼らがつけた名前の中には、かなり独創的なものがたくさんありました。面白い名前ばかりでしたし、中にはかなり鋭いものもありました！　いくつか、私が気に入ったものをあげておきます。ジェレミー、マーサ、マッジ、ヴィンス、エスメラルダ、コリン、モリス、ニンジャ、ブルース、マキシマス、ボリス、フランコ、マルコム、ディードラ、ゴドフリー、ロジャー、さらにはジョーンズ伍長などという名前もありました。どうか愉快なアイディアだと思って試してみてください。サルに名前をつけること自体がとても強力なツールであるとわかったわけですから、あなたにもできるはずです。きっと自然に笑みがこぼれますよ。では、ここでもう一度、〈前向きにとらえることば〉を身につける、３つの段階を思い出してください。

❶自分の内なる声に耳をかたむけ、聴こえてくる不適切で後ろ向きなフレーズを聴き取り、できるだけ気をつけるようにしましょう。
❷そうしたフレーズを、前向きなものに切りかえましょう。
❸マントラを唱えることで、その作業に弾みをつけましょう。

〈前向きにとらえることば〉を使うと、より積極的で、したがって、より自信にあふれた人間になれます。自信がつけば、どれほど大きな試練に直面していても、自然と能力が上がります（ツール4を参照）。そうなれば、これまでのあなたの努力と苦労が報われる可能性が、ずっと高くなります。

毎年、世界中で何百万という人びとが新しい言語を学んでいます。彼らは学習する過程を楽しみ、その過程が彼らを良い気持ちにさせます（実は私も、一般中等教育で日本語を履修しました！　言語を学ぶというのはすばらしい体験なのです）。そして、まさにそれこそ、〈前向きにとらえることば〉を身につけたあなたが、そのことばで行おうとしていることなのです。あなたの頭はたちまち前向きなことばと思考で占められ、後ろ向きなことばは定着することなく排除されていくはずです。そのうち、代わりのことばを直感で選ぶようになっているでしょう。それこそ、ことばを学ぶことの究極の目標なのです。そして、すぐに〈前向きにとらえることば〉が上手になり、そうなったら、あなたの人生は変貌を遂げるはずです。さあ、はじめましょう！

ケーススタディ

サルには警戒を！

ザックの場合

ザックは背が高く、ルックスもよく、礼儀正しくて感じのいい青年です。すぐれたラグビー選手でもあります。多くのティーンエイジャーと同じく、ザックが私に会いに来たのは、彼が人生の目標と大人のアドバイスを必要としていた時期のことでした。彼の父親はザックがラグビーや、ギターの演奏や、さらに言えば、人生全般への情熱を失ったのではないかと心配していました。本人に会ってすぐにわかりました。ザックはラグビー場でもそれ以外でもかなりの潜在能力を秘めた青年でした。ザックの話は、自分の道を見失いかけているすべてのティーンエイジャーにとって刺激になるはずです。覚えておいてください。ザックのように——実は私自身もティーンエイジャーのころはそうだったのですが——心がついほかのことに向いているからといって、道を見失っているとはかぎらないのです。ザックは〈禅の呼吸〉を用いて、安全で穏やかな場所を自分に与え、心のエネルギーを取りもどし、ラグビーやギターへの情熱に、もう一度自分をつなげることができました。ただし、ザックの中心的なツールになったのは、〈サルには警戒を〉でした。

僕がドンに出会ったのは2015年の夏です。学校のラグビーチームがトーナメントで好成績をおさめたあとのことでした。試合に出ていたみんなも家族も知らないことですが、僕は試合に勝っても楽しくありませんでした。2015年のトーナメント以前に僕が経験していたことは、同じ年代で活躍していた、野心に燃えるどのラグビー選手とも大差ありませんでした。はたからは、かっこよく見えたでしょうね。でも、〈頭の中のサル〉が、僕をじわじわとむしばんでいました。こんな目に遭っているのは自分だけだ。そう思っていました。でも、ドンがそうじゃないと教えてくれたのです。

学校では華々しい活躍をしていたんです。ラグビーの奨学金をふたつ手にしましたし、バース・ラグビー・アカデミーの一員となり、サウスウエストU16の代表選手にもなりましたから。これまでの道のりでお話しできる最高の経験といえば——それが、最も共感してもらえる話だったらいいんですけど——バース・ラグビー・アカデミーにいた時期のことです。そのころ、僕はラグビー場での時間と、そこでの活躍を思いきり楽しんでいました。学校の親しい友人たちといっしょにプレーしていたんです。そうした状況が一変したのは、とてつもないプレッシャーが自分にのしかかってきたときでした。頭の中のサルとバース・アカデミーからのプレッシャーです。15歳だった僕は、いきなりプロの舞台に放り込まれ、プロ選手としての期待をされるようになったんです。

プレッシャーとストレスで身を引きさかれる思いでした。ラグビーがちっとも楽しめなくなりました。合宿が恐ろしくなって、こう思いました。トーナメントの選手には選ばれませんように！　テレビでラグビーの試合を観ることさえできなくなりました。あまりの緊張にトレーニングや練習試合のまえになると、本気で逃げだそうとしました。実際にU16トーナメントへの参加を回避したときのことは、今もはっきり覚えています。父親が僕の代わりに電話で伝えてくれたんです！　まさに典型的な〈サルの妨害工作〉です。

バース・アカデミーでこれほど不安定だった時期に、学校も新しいところへ移りました。心が乱れました。まったく新しい環境に移ったというだけでなく、ラグビーのプログラムも徹底したものに変わりました。バース・アカデミーは毎週月曜日がトレーニングの日です。でも、僕が考えていたのは、どうやってそのトレーニングから抜けだすかということだけでした。長い話を要約すると、その年のクリスマスになるまえに、学校をやめる寸前までいきました。サルに意のままに支配され、精神状態はよくありませんでした。週に何度も、担任教師や寄宿学校の舎監と会って話しあいましたが、そういう精神状態になった原因は突きとめられませんでした。

その年度の後期は、ラグビーシーズンが終盤に近づき、学校生活も上向きました。夏は陸上競技を楽しみました。なんの期待もされませんし、アカデミーの期間は終わっていましたから。僕たちのチームは思いがけなく、大きなトーナメントの準決勝まで進みましたが、土壇場になって、僕は〈頭の中のサル〉に妨害されました。それが僕にとっての転機となりました。初めて自分の気持ちを父に打ちあけました。どん底にいる自分の気持ちを。
その夏、父がドンと連絡をとりました。でも実は、あまり期待していませんでした。父がいきなりこの人を見つけてきて、面会をセッティングしたものですから。それでもいっしょにバースまで出かけました。僕がドンのセッションを受けるためです。僕は、こんなことをして何になるんだろうと半信半疑でした。このドンという変な人は〈頭の中のサル〉などと言いだし、かわいがっているというぬいぐるみのサルを指さしました。長椅子に座っているそのサルはマイクという名前なんだとか。とはいえ、僕ははまり込んだ穴から抜けだそうと必死でしたから、自分のことをすべて打ちあけました。その後、ドンとのセッションは何度か続きました。そして、彼と過ごした時間が僕の人生を変えてくれました。

ザックの〈頭の中のサル〉は、最初は単にイライラしていたのが、だんだん興奮してきて、ザック本人が知らぬ間に彼の人生を仕切るまでになっていました。〈禅の呼吸〉によってザックは頭のさえを取りもどし、サルを鎮めることができました。それで進むべき道が見えてきて、自分の思考、感情、人生をもう一度コントロールできるようになりました。ザックは、サルの後ろ向きのおしゃべりに異を唱えることができるようになり、物事の本当の意味を理解し、大局的にとらえることができるようになったのです。

最高のザック

ドンとの夏が終わるころには、僕たちふたりの手で「最高のザック」ができあがっていました。僕には〈サルに警戒する〉実力が身についていたのです。それまでの3年間で初めて、ラグビー場に足を踏みいれるのを待ちどおしく思いました。チームのシーズン最初の試合はいつも伝統戦です。地元の人間には〈ピルグリム〉として知られている試合で、すべての卒業生がそのために地元に戻ってきます。おそらく400人は下らない観衆が詰めかけるのです！　午後1時半にラグビー場に集合してウォームアップをすることになっていました。僕は土曜日の授業を終えると寄宿舎のベッドにもぐり込み、試合まえの新しいルーティンを頭の中で繰りかえしていました（そのあと、ホームゲームのときは、いつもこれをするようになりました）。すると、控え選手のひとりが僕の部屋に飛びこんできたんです。彼は大汗をかき、息を切らしながら、自分がどれほど緊張しているかを大声で訴えはじめました。一方の僕は、やる気満々で、早くピッチに出たくてワクワクしていたというのに！

僕たちにとっては、信じられないほど好成績を上げたシーズンでした。過去20年でも、ベストなシーズンのひとつでした。僕は〈ファーストXV〉では副キャプテンを、〈ファーストVII〉ではキャプテンを務め、活躍した選手に贈られるスクールカラー賞を受賞しました。寮生の代表になり、監督生にもなりました（第6学年の越境選手がなるのは、きわめてまれなのです）。

さらにすばらしいザック

学校を去るまえに、バース・ラグビー・チームからはずされました。でも、まったく気にしませんでした。これまでで最高の精神状態でしたから！　アメリカに渡り、シカゴ近郊のトップクラスのハイスクールで1シーズン、選手をしながらコーチとして教えることになりました。まさにドンと過ごした時間が実ったのです。「最高のザック」が今や、〈サルには警戒を〉という、旅の第2章に乗り出そうとしていました。そこで、ドンと僕は「さらにすばらしいザック」の制作に着手しました。セッションとトレーニングは2017年1月まで続き、僕は冒険に旅立ちました。

アメリカで生活をはじめてひと月たったころ、イギリスから僕といっしょに来ていたチームメイトがアメリカを去ることになったんです。僕はアメリカにひとり残され、くじけそうでした。でも、あのときほど、やるべきことへの心の準備ができていたことはありません。2試合を終えたところで、学校代表チームのキャプテンになりました。ところが、右足首の靭帯を断裂してしまい、8週間、試合に出場できなくなりました。またもや、越えなくてはならないハードルができたわけです。それでも、やがてプレーできるようになり、ペン・ハイスクールを率いてミッドウエスト選手権に勝ち、全米ランキング2位になりました。アメリカでナンバーワンのチームにも勝ちました。全米選手権への出場は、ぎりぎりのところでかないませんでしたけど。

さらに次のステップへ

僕がアメリカに滞在しているあいだに、父が仕事上のトラブルに巻きこまれてしまいました。サルが父を支配し、僕がかつてよく知っていた場所に連れていこうとしている――それが見て取れました。当時はドンと密に連絡を取りあっていたので、ふたりで話しあって、なんとか父をもとの軌道に乗せることができました。それまでの数年間、ずっと僕の力になってくれた父を助けられたことに、何よりも満足感を覚えました。僕の人生のひとつの頂点だったと思います。どん底から這いあがったこの僕が、かつての自分と同じようにサルとの闘いに直面している人に気づき、手を差し伸べるまでになったのです。

ドンにはものすごくお世話になりました。ラグビーへの情熱をよみがえらせてくれ、人生で闘っていくためのツールを授けてくれました。ツールのおかげで自分の人生を立てなおせただけでなく、ほかの人を助けることもできるようになりました。自分がどこにいようとも、何をしていようとも、〈サルに警戒する〉能力が今は身についています。それは心の強みとなり、信じられないほど力強い助けになっています。

ツール 3

カイゼン いつも向上しつづけるために

「改善（カイゼン）」とは日本語で、英語の「improvement」にあたることばですが、意味はそれだけではありません。個人生活、家庭生活、社会生活、職業生活において継続的に向上していくという意味でもあるのです。すべての人と、あらゆる場所で、毎日、世界を向上させていく――それが「カイゼン」なのです。

今井正明（『カイゼン――日本企業が国際競争で成功した経営ノウハウ』の著者）

Ｆ１グランプリの世界チャンピオンに三度輝いたドライバーと会ったことは、私の人生そのものにかなりの影響を与えたにちがいない――皆さんはそうお考えになるかもしれません。たしかに、すでに述べたように、ジャック・ブラバム卿は古くからのいい友人です。このジャックの紹介で、彼の親友である川本信彦氏に会うことができました。川本氏は１９９０年から１９９８年までホンダの社長を務めたばかりでなく、同社のＦ１レース参戦を率いた人でもあります。そのころ、ホンダはＦ１レースを牛耳っていましたが、このホンダと組んでいたのが、マクラーレンＦ１チームであり、そして、とてつもない才能にあふれたドライバー――というよりは伝説の人――アイルトン・セナでした。

ジャック卿のおかげで、私は本田技研工業株式会社を訪問できることになり、決定権を持つ人たちに紹介されました。そして、すぐに、日本の文化や、歴史や、哲学や、その美しいことばを学んでみるのもいいかもしれないという結論に達したのです。それ以来ずっと、日本語を貪欲に学び、古い歴史を持つ日本語を話すことを楽しんでいます。何度も訪日していますし、F1レーシングチームや、日本人のレースドライバーや、ヤマハ、日産、東芝、富士フイルム、そしてもちろんホンダといった大企業と仕事をする機会も数多くありました。日本の「生活の中の禅」に魅了されたことも言っておかなくてはなりません。そして、まもなく〈カイゼン〉という、シンプルではありますが、信じられないほどパワフルな概念に出会ったのです。〈カイゼン〉を訳すとしたら、「より良くするために継続して改めていくこと」といった意味になります。

カイ＝改める
ゼン＝善

では、私の提案する〈カイゼン〉とはいったいなんでしょう？

〈カイゼン〉とは、少しずつ、絶え間なく、向上することを大切にする、という考え方です。自分の生活の中で向上させたい分野を見つけ、毎日、わずかでもいいのでプラスの方向に歩んでいくのです。この一歩一歩は、大きな象の歩みではなく、それよりもずっと小さな、ダンサーの歩みです。この概念には、真の素朴さと美しさがあります。私は〈カイゼン〉を学び、最初に学んだその日からずっと、〈カイゼン〉が人生の中心を占めてきました。

〈カイゼン〉が〈頭の中のサル〉にとても効果的な理由は、まさに向上の幅が**小さいこと**にあります。小さいがために、邪魔をしてくるサルは、あなたが実は「良い方向に」変化していることに気づきません。気づかれずに前進していくため、サルはあなたの好きなようにさせてくれます。カッとなって、協力を拒むこともありません。忘れないでいただきたいのですが、サルの務めはふたつだけです。主たる務めは、あなたを危険から守ること。もうひとつは、あなたが馬鹿なまねをするのを止めることです。この「自分の任務を遂行する」ためなら、サルはしばしば、どんなことでもしてしまうのです。

あなたが何をしているか、どのようにしているかを監視している――**要するにあなたに目を光らせている**――あいだ、サルはあなたを快適な世界に留めておきたがります。つまり、(彼らの考える)ちゃんとした、心地よくて安全な世界、潜在的な危険から離れた、リスクがまったく存在しない世界です。そんな快適なゾーンにいられるなんて、なかなかいいと思いませんか? まあ、たしかに、悪くないし、しゃれているかもしれません。休暇をとり、海辺に寝転んでカクテルをちびちび飲んでいるのであれば――。でも、人生をこれから長きにわたって大きく変えていこうとするのであれば、こうした世界はまったく役に立ちません。もしもあなたが突然、変化に向けて大きく踏みだそうとしたら、まちがいなくサルはあわてるはずです。そうなったら、たちまちよくない結果があなたの内面に生じるでしょう。たとえ最後にはおさまるとしても。

〈頭の中のサル〉と〈カイゼン〉というふたつの概念は、お互いにかなり補足しあう関係にあります。どちらもきわめて強力であり、あなたの人生にインパクトのある変化を、長い期間もたらす助けとなるはずです。それだけでなく、あなたの健康にたくさんのプラス効果をもたらし、あなたを〈成功者の街〉に向かう道から絶対にはずれないようにしてくれるでしょう。

私は〈カイゼン〉理論を自分の人生に活用して、目ざましい成果を得ることができました。皆さんにも同じことが起こるはずです。〈カイゼン〉ツールを使えば、自分が本気で向上させたいと思うことを好きに選んで、成果を出すことができるのです。選ぶものはなんでもかまいません。誰でも何か思いつくはずです。以下に例をあげてみましょう。

❶体重を減らすなどして、もっと健康になる
❷もっと人づきあいを楽しむ
❸人前でしゃべるのが苦でなくなる
❹試験に合格する
❺パートナーを見つける
❻すでにパートナーがいるのであれば、その人との絆を強める
❼仕事で昇進して、職業人として成長する

❽ 運動量を増やして、もっと体調を整える
❾ もっと「今を生きる」ことで、穏やかで、物事にとらわれない人間になる

まずは、〈カイゼン〉のとんでもない誤用にまつわる、ちょっとしたエピソード（どうすればそれを避けられるかという話）から。……やらかしたのは私です！

なかなかいいと思いませんか？　では、実際に行われた〈カイゼン〉を見ていきましょう。

覚えているかぎり、いつも高いビルや崖の上が苦手でした。そうした場所に近づくと――そんなつもりはないし、そんなことはしたくないのに――引きよせられるような、引っぱられてビルや崖の向こう側に連れていかれそうな、気味の悪い感覚になるのです！　こういう感じがしたあとはたいてい、頭がクラクラして吐き気がします。明らかに、ある種のめまい（めまいにはいくつか種類があるようです）に襲われるのです。一般的には高所恐怖症と呼ばれます。そして私は、克服するスキルもないのに、これを自分で治そうとしました。まだ〈カイゼン〉を知らないころの話です。

先に紹介した友人でミュージシャンのピーター・ガブリエルは、私の高所恐怖症のことを知っていました。ある日いきなり電話をかけてきて、話を切りだしました。「いいか、聞いて驚くなよ！　リチャード・ブランソンがヴァージン社の熱気球に乗せてくれるって言うんだ。それで君もいっしょに行きたがるんじゃないかと思ってね。あれに乗れば、君の高所恐怖症とやらも、すっかり治るんじゃないかな」彼はさらに続けてこう言いました。「乗るかどうか、20分で決めてくれないか。折り返し

の電話を待っているよ」

このようなビッグチャンスを、どうして断れるでしょう？　しかし、どう見ても、イチかバチかの賭けになりそうでした。結局、ほかにどうしようもなく、ふたりで出かけました。この日は、ヴァージン・グループのロゴが目立つ赤い熱気球を、リチャード・ブランソンが自分で操縦するわけではありませんでした（ちょっと、ほっとしました）。ただ、かごの部分が私の予想よりもかなり小さくて、そちらは、ほっとするどころではありませんでした。

高所をそれほど気にしないピーターにとっては、忘れられない体験になったようです。グラストンベリーの丘や、美しいイングランド西部地方のすばらしい全景が見わたせたのですから。私ですか？　残念ながら、できるだけかごの底のほうにうずくまり、ありったけの力を込めて頑丈なロープをしかと握りしめ、握ったその手に全神経を集中させることしかできませんでした。かごのふちが私の目には（サルの目にも）あまりにも低く見えて、とんでもなく不安でした。正直なところ、生きた心地がせず、どんなに大金を積まれようが、気球なんてもう二度と乗るものかと誓ったほどです。要するに、サルがオーバーヒートしてしまい、安全装置もはずれてしまったため、熱気球に乗るという体験すべてが、楽しいどころではなくなってしまったのです！

もしも気球に乗るまえに〈カイゼン〉を活用していたら、あの体験はまったく別のものになっていたでしょう。それくらい強力なツールなのです。それを「建築業者の渡し板」の例で説明しましょう。〈カイゼン〉を使えば、過保護とも言えるサルの支配からの脱出を、どれほど巧みに画策できるかがわかります。

建築業者が使う渡し板を想像してみてください。長さが約4メートルある厚い板が、ふたつの低い石壁のあいだにかかっています。石壁の高さは地面から約60センチです。その厚板を渡ってほしいと言われたら、渡れると思いますか？　もちろん、渡れますよね！　目隠しをしても渡れるはずです。さて、次も同じ渡し板を使うのですが、今度はその位置がずっと高くなります。高さ30メートルほどある、ふたつのビルのあいだにかかっているとします。そうなったらまちがいなく、私のサル、マイクは口出しをしてくるでしょう（「いったい何を考えてるんだ？　頭がおかしいのか？」）。では、どれくらいの高さであれば、あなたの〈頭の中のサル〉からも同じような反応を引きだせるでしょう？　もっと高い地点ですか？　もっと低いところでしょうか？　「高さ30メートルの渡し板を歩いてほしい」と言われたら、あなたはどう答えますか？

実は、2番目の渡し板も、最初のときと同じように楽々渡れるはずなのです。なぜなら、渡るために必要とされる運動能力は同じだからです。そうですよね？　何が変わったのでしょうか？　そう、その通り。これはむしろサルの問題なのです！　低い石壁のあいだにかけられた渡し板に足を乗せても、サルの声は聞こえてこないはずです。片方の足を、もう一方の足のまえに出していくことに集中するだけです。自分のバランス感覚を全面的に信頼し、向こう側に到達します。ちょろいものです。

ところが、ずっと高い地点にかけられた渡し板を渡ろうとすると、「渡るな、落ちて死んでしまうぞ！」とあなたに向かって叫ぶサルの声が、ほぼまちがいなく聞こえてくるでしょう。残念ながら、そういうやかましい声が頭の中で鳴りひびいていたら、板を渡っているあいだ、とても集中などできません。ここでも公平を期すために言っておくと、サルは、あなたを危険から守るという、自分の仕事をしているだけです。その仕事を遂行するため、サルはアドレナリンで、あなたの体を文字通り、津波のように水びたしにします。するとたちまち、あなたは運動能力をコントロールできなくなり、バランス感覚も失ってしまいます。あなたの頭を占めるのは、自信喪失と、早く乾いた陸地に戻りたいという、強い願望です。

何も、私なら2番目の渡し板でも渡れるよと言っているわけではありません。でも、想像してみてください。どうしても渡らなくてはならなくなったら？　例えば、ある晩、日本産のおいしいウイスキーをいやというほど飲んでしまい、5人いる孫のひとりに「おじいちゃん、やってみなよ」と言われたら、つい口をすべらせて、「いっちょうやってやるか」などと口走ってしまうかもしれません。しまった！　さあ、どうしよう？　いったいどうしたらサルのマイクを説得して、やらせてもらえるだろう？

この場合はふたつ、やり方があります。互いに補足し合い、協力し合う関係にあるやり方です。まず、大金でマイクをつります。つまり、この挑戦が完了したら、私が気に入っている慈善事業に大金を寄付するから、と言うのです。まあ、そう言ったとしても、マイクが興奮してワクワクすることはないでしょう。それでも、私が挑戦する正当な理由ができたことは認めざるをえなくなるはず。

となれば、私の好きなようにさせてくれる可能性はかなり高くなります。
次に〈カイゼン〉です。さて、〈カイゼン〉はこの試みに挑戦する私を、どのように助けてくれるのでしょうか？

いたって単純な話です。そして、単純であることそのものが、〈カイゼン〉というツールの最も強力な一面なのです。私だったら、何度も渡し板を渡ります。ただし、渡るたび、渡し板の高さを少しずつ——必要であれば、2、3センチずつ——上げていき、最後にいちばん高い地点までもっていくのです。こうすれば、めまい（高所恐怖症）に少しずつ挑んでいけるわけです。自信がついてきて、明らかに慣れてきたら、高さの上げ幅を伸ばすという手もあります。ただし、我を忘れて自滅してしまわない程度にしなくてはなりませんが……。こうすれば、ほんの少しずつ、渡し板は高くなり、私は向上しますが、マイクに気づかれることはありません！

もうひとつ、私が実生活で実践した〈カイゼン〉があります。それは〈頭の中のサル〉にアルコール消費をあまりにもコントロールされるようになってしまい（サルはごほうびが大好きですから！）、それを不本意ながら自分でも認めざるをえなくなったころのことでした。いつのまにか、1週間あたりの酒量が増えてしまい、医師から、健康にも幸福な生活にも「支障をきたす」レベルまで来ているので、お酒の量を減らすように、と言われたのです。当時はいたるところで、慈善団体〈アルコール・チェンジ・UK〉による「1月は禁酒しよう《ドライ・ジャニュアリー》」キャンペーンが張られていました（もっとも、実行できた人にお目にかかったことはありませんが）。

「お酒をやめましょう！」――今から完全に1か月断酒せよと、叫ぶような文言がニュースの見出しにいくつも並びました。ところが、ここで問題が生じました。私もまるまるひと月、断酒をしようかと考えていたら、それを聞きつけたサルがかんかんに怒って、そんなことは決して許さないと言ってきたのです。念のため言っておくと、私はサルに猛然と反論しました。瞑想もしました。それで、サルが少し静かになったところを見はからって、どうして私には「1月は禁酒しよう」を実行できる見込みがないのかと聞いてみたのです。このときのサルの主張には、かなりの説得力がありました。おそらくサルが正しいということは、私も不本意ながら認めざるをえませんでした。「おまえが全力を尽くしたところで、酒をやめられるはずがないじゃないか」というのがサルの言い分でした……。

そこで私は、日本産ウイスキーを、やめることなく夕食のメニューに残したらどうだろう、と提案してみました。サルはすぐに賛成してくれました。それなら大丈夫だ、自分も応援するよ、というのです。一方で私は、ちゃんとした計量カップを買い（注ぎすぎないためです）、〈山崎〉や〈響〉をグラスに注ぐとき、前回注いだときよりも、ほんのちょっと少なめに注ぐようにしたのです。……やがて1週間の酒量は、医療の専門家から見ても「以前よりも許容できるレベル」まで減りました（そして、皆さんにも喜んでいただけると思いますが、今もそのレベルを保っています！）。しかし私のサルは、そのことにまったく気づきませんでした。

次に、このやり方を、現代社会に生きる人びとがいちばん苦戦している分野、つまり食事にも広げてみましょう！　しかし食事となると、サルはがっちりとヘッドロックをかけてきて、決してあなたを放そうとしません。そういうときこそ、〈カイゼン〉が抜群の効果を発揮します。

一度、サルの靴を履いてみてください（そう、サルは靴を履きませんが、言いたいことはわかりますよね。「サルの立場になって考えてみてください」ということです）。この幼いサルは、ストレスがたまったり、不安になったりすると、いつもチョコレートやケーキを口にしてきました。甘いお菓子はすばらしくおいしいし、食べると、とても大切な、待ちに待ったドーパミンが分泌されてハイになります。こうした、食べものがもたらす感覚がサルは大好きです。実に単純な話です。

するといきなり――新年1月2日に、としておきましょう――サルは気がかりな知らせを耳にします。今後は数週間、場合によっては数か月間、ポテトチップスも、チョコレートも、パンも、ポテトも、さらには（なんてことでしょう）アルコールもやめるというのです。もっと健康的な食生活を送ろうという、徹底した、崖から飛び降りるような「新年の決意」が伝えられたわけです。

サルは癇癪《かんしゃく》を起こして、協力を拒むでしょうか？　とんでもない。というのも、あなたのサルは悪がしこいやつですから。しばらくは――数日でも、数週間でも、もしかしたらひと月でも、ふた月でも――このきびしい新制度を受け入れるでしょう。でも、実はサルはこっそり隠れて、この新しい世界を破壊して、みずからの支配を取りもどそうと待ちかまえているのです。サルがそうした行動に出て――まちがいなく出ます――あなたが6週間ぶりにケーキをひと切れ口にしたら、サルはすべてのエネルギーを費やして、あなたに語りかけてきます。ビスケットを食べてもいいんだよ、ワインでも飲んだらどうだい……といった具合に。気づいたら、あなたは自己嫌悪におちいり、もちろん、酒やお菓子を控えるという立派な計画は頓挫しています。そんなあなたを尻目に、サルは椅子にだらしなく座り、ワインやケーキやチョコレートでふくれたおなかをさすって、満足そうにしているでしょう。

こうした事情があるからこそ、食事とのつき合い方には〈カイゼン〉を適用するのが効果的なのです。好きな食べものをやめることはありません。食べる量を少なくすればいいのです。このやり方が自分に合っていると思う人は、慎重に計画を立ててください。問題の原因となっている食事の量が、徐々に減るような計画を立てるのです。同時に、食事についての話し方や振る舞い方についても、徐々に変えていってください。

私が、人には体重を「減らした（lose）ほうがいい」と言わないようにしているのも、そういう理由からです。サルは事態を支配しているのが好きなので、何かを失う（lose）ことを嫌います。失うかもしれないと疑いはじめたら、パニックになります。そうなったら、減量に向けた取り組みは、たちまちきびしくなるでしょう。そこで私は「減らす」ではなく、体重を「落とした（reduce）ほうがいいかもしれませんね」と言うことにしています。些細なちがいではありますが、意味のないちがいではありません。

こうした〈カイゼン〉に伴うほかの変化――見た目には小さな変化――が食事とのつき合い方をどれほど変えるかを知ったら、皆さんは驚くはずです。サルがパニックを起こすこともありません。小さな変化には、ほとんど気がつかないでしょうから。つまるところ、あなたは友人であるサルと一種の取引をするわけですが、そうすることで、自分が食べるもののコントロールをサルから取りもどせるのです。

ここであげた例は、もしかしたら、あなたが向上させたい分野のものではないかもしれません。でも覚えておいてください。〈カイゼン〉は、人生のどの分野にも効果があります。具体的な目標を定め、どうしたらその目標を〈カイゼン〉で達成できるか。それを穏やかな気持ちで考えてみてください。〈カイゼン〉は、ゆっくりと、徐々に進み、ほとんど気づかれないような、小さな歩みです。でも、いつも前に進んでいます。

〈カイゼン〉は、あなたをぬるま湯から飛びださせ、あなたの潜在能力を高めます。人生のあらゆる側面を、ゆっくりとではあっても、必ず、自信を持って向上させ、成功に導くためのメンタル・ツールなのです。〈カイゼン〉を実践しながら、いつも、結果や目標ではなく、向上する過程に集中すること――それが肝心です。小さな変化が大きな成果をもたらします。ちょうど、石の上に降り続ける小さな雨粒が、ときがたつと景観を変えてしまうように。

〈カイゼン〉は、サルにとっては小さな歩みです。でも、あなたにとっては、成功につながる大きな飛躍なのです！

ケーススタディ　カイゼン

メーガンの場合

メーガンの父親は、私のよき友人です。彼もメーガンの母親も、娘が不健全な食生活を送り、体重が激減したことをかなり心配していました。それで、父親がメーガンを連れて私に会いに来たのです。仕事にとりかかってみると、メーガンは〝ふつうの〟ティーンエイジャーでした。学校の成績もよく、とりわけ運動競技が得意でした。では、何が起きていたのでしょう？　すぐに明らかになったのですが、メーガンの〈頭の中のサル〉が彼女の食事を妨害し、「太る原因になる」とみなしたものは——とくにチョコレートやドーナツなどのお菓子類はすべて——完全に禁止していたのです。

体験談を読んでいただければわかりますが、メーガンは努力して、食事の習慣を再び自分でコントロールできるようになりました。彼女は〈サルに警戒〉ツールを活用して、自分が食べるものに口出しするサルに抵抗しました。そのうえで彼女が主として用いたツールは〈カイゼン〉です。少しずつ——ひと口食べるたび、食事を重ねるたび、一日一日、という具合に——メーガンは食事の量を増やしていき、ついには、本当のメーガン——内なるメーガン——にとって適量と思える量になりました。最終的には、ときどきスイーツまで食べるようになったのです。

ティーンエイジャーになってしばらくのあいだ、私は自分の体に自信が持てなくて、ひどく苦しんでいました。自分の体が嫌いで、自分の容姿を見るたび、いつも暗い気持ちになりました。だから決心したんです。体を変えよう、そうすれば、心の底からもっと幸せな気持ちになるはずだと。そこで、あまり深く考えず、ヘルシーな食事をして、運動量を増やすところからはじめました。ところが、やがてこれが悪い方向に進んでしまい、手に負えなくなりました。食事の量を減らし、運動量をどんどん増やしていったら、体重がどんどん減りはじめたのです。

このような悪循環を生み出したのは、頭の中の声です。その声が、心の中に私自身とはちがうイメージを映し、私を不健康な状態に導いたのです。あのころはとんでもなくネガティブなことばかり考えていました。それで自信が大きく揺らぎ、家族にも心配させてしまいました。私が自分で自分の健康を悪くさせているのが、家族にもわかったのです。なんとかしなくちゃダメだと思いました。自分を元通りにできるのは自分自身だけなのですから。

父がドンのところに連れていってくれたのが転機となりました。自分の心に起きていることについて新しい見方ができるようになり、それがコントロールを取りもどすきっかけになりました。ドンにサルのことを教えてもらい、それでやっと、私自身のことについてネガティブな考えばかり頭に吹きこんでいたのは、頭の中のサルだと知りました。しかも、サルが檻《おり》から逃げだすのを私が許していたのです。サルを檻に戻し、混乱を収拾するのは、私がしなくてはならないことでした。

でも、口で言うほどやさしくはありません。サルと闘うために何をすればいいのかはわかりましたが、それでも食事との闘いは大変でした。ところが、決定的な瞬間が訪れます。自分の体がどれほど弱ってしまったかに気づいたのです。スポーツは、いつも私の人生の大きく重要な部分を占めていましたし、そのための体調の維持は必要不可欠でした。それなのに、食事とうまくつき合っていけなくなったせいで、体が衰弱してしまったのです。所属するネットボール（訳注：バスケットボールに似たスポーツ）のチームについていけなくなるのではないか、まったくプレーできなくなるのではないかと考えて、恐ろしくなりました。それでやっと目が覚め、困難と向きあう姿勢が大きく変わりました。自分で頭の中のスイッチをいれたような感じでした。強い人間でいたい、自分をコントロールしていたい、サルにコントロールされていたくない――そう思ったんです。

まず、食事について、自分にもっと自由を与えるようになりました。好きだった食べもの――それまでは基本的に我慢してきた食べもの――も食べるようになりました。例えば、チョコレートとか！　ようやく、食べものをまえにしてもリラックスできるようになりました。こんなふうになれるまで、主として〈カイゼン〉のノウハウを活用しました。おかげで、慎重な取り組みによって、食事とのつき合い方を変えることができたのです。本当に助かりました。

今は18歳で、大学入学に必要な上級課程を修了したところです。ラフバラ大学で心理学を勉強できたら、と思っています。拒食症を克服してからは、自分の体を尊重できるように、愛せるようになりました。自分の体がどれほど強くて能力があるのかもわかりました。これほど自分の体に自信を持てたのは何年ぶりでしょうか。言うまでもありませんが、誰でも自分の容姿には不安を持っています。そういう時期があるものです。でも、今の私には、どうすればサルを檻に閉じ込められるかがわかります。あのころの考えや感情にさいなまれることは、もうありません。

今回、ドンから体験談を書いてくれないかと頼まれました。一生懸命考えてやっと、あの時期に自分が体験したことや感じたことを思い出せました。というのも、今は、何を食べるかなんていちいち考えたりしないからです。迷うことなく、気ままに食事を楽しんでいます。自分がどれほど苦しんだかを振り返ると、回復できたことを、ものすごく誇りに思います。自分自身の心をコントロールするのはとてもむずかしいことです。長いあいだ、私自身が私の最大の敵でした。それが今では、最高の応援団長になったと思うんです。

ツール 4

ハリウッド映画

もっと自信をつけるには

生まれつき自信が備わっている人はいない。個人的にはそう思います。それはちょうど、生まれつきのチャンピオンがいるとは考えにくいのと同じです。（スポーツ界や、スポーツ以外の分野の）勝者たちと仕事をしてきた経験からいうと、彼らの成功は、素質ではなく環境による部分がかなり大きいのです。具体的には脳のことです。というのも、個人の身体能力についてはーーとくにスポーツにおいてはーー明らかに遺伝的特徴が、目標達成に重要な役割を果たしているからです。

例えば、私はいくぶん背が低いので、オリンピックの走り高跳びに出場して金メダルをとれるとはとても思えません。同じく、現代のテニスにおいては、背の高さが（男性であれば）188センチ以上、（女性であれば）170センチ以上ないと、かなり不利かもしれません。

こうした身体的特徴はさておき、私見では、本当の自信は人の**内側**にある感情ーー気持ちが安定し、自分を見失わず、心が落ち着いているという感情ーーから生まれるものです。あなたの内面ーーそれが本当のあなたです。そこから、あなたは〈サル〉**ではなく**、思考でも感情**でもない**という自覚が生まれます。あなたはボスであり、**サルは、あなたのために働いている**のです。あなたが機長、サルは副操縦士です。それを決して忘れないでください。

とはいえ、個人的な経験からもわかるのですが、生きていると、そんなふうには思えないことがよくあります。つまり、過保護で人におせっかいばかり焼くサルのせいで、もっと自信を持ってもいいのに、あまり自信を持てないことがあるものです。私のサル〝マイク〟なんて、しつこいくらい私の〈自信レベル〉に干渉してきます。意地悪な質問をしてきたり、疑ってきたり、批判してきたり、こまかくチェックしてきたりします。「君はそこまで優秀かな？　準備はちゃんとできてるのかな？　前回、どれほど失敗したか覚えているかい？　危険だろうか？　安全だろうか？　自分を信頼していいのだろうか？」そう、サルはサルの仕事をしているのです。でも、こんなに口うるさく言われるのは、必ずしもありがたいことではありませんよね？

私の身長の低さは変えられませんが、あなたの自信は**変えられます**。まずは、この重要な事実についてしばらく考えてみてください。それでも、自信があまりないとか、もっと自信のレベルが高ければ、もっと満足のいく人生を送れるのではないかなどと考えているのであれば、いいことを教えましょう。あなたはまさに今、現状を変えようとしているのです。では、どうすれば自信をつけ、大きく高めていけるのか。ここでは〈ハリウッド映画〉という優秀なツールをご紹介しましょう。

スポーツ界の多くのチャンピオンが認めていることですが、彼らは「具体的に視覚化する」というノウハウを重視します。そのノウハウの助けを借りて自信を深め、どのような試練に直面しても実力を最大限に発揮できるようにしているのです。私見では、ジャック・ニクラス（訳注：「ニクラウス」の表記も）ほど、そのことを美しく、正確に表現した人はいません。ニクラスはまちがいなく、ゴルフ史上、最も偉大なゴルファーのひとりです。

「私はたとえ練習であっても、これから打つショットが、鮮明でピントが合った『映像』として頭にうかんできてから打つことにしている。カラー映画みたいに、そこで止まってほしいと思う地点にあるゴルフボールが見えてくるのだ。白いボールが、鮮やかな緑色の芝生の上に乗っている。それから場面が切りかわる。ボールがそこまで飛んでいくのが見える。ボールの進路も、軌道も、形状も、地面に落ちたときの動きさえ、見えてくるんだ」

ジャックがここで語っている内容は、さまざまなキャッチフレーズにまとめることができます。例えば、「頭に思いうかべられるものなら、なんにでもなれる」とか、「頭に思いえがけることなら、なんでもできる」とか。しかもこれには、科学的調査による裏づけもあります。トップクラスの大学や著名な脳科学者による調査研究には、こんな結論を出しているものがたくさんあります。つまり、具体的に視覚化するテクニックを使うメンタル・リハーサルは、正しく用いれば、自信を大きく高め、準備は万全だという強い気持ちを作りだせるというのです。

もちろん、視覚化のノウハウやメンタル・リハーサルは、今にはじまったものではありません。

1940年代にフランスでいくつもの洞窟が発見されたとき、その壁や天井には、体の大きな動物の絵やデッサンが描かれていました。それらは1万7千年まえのものでした。その多くには、これから狩られる哀れな獣がいるおおよその方向に向かって、宙を飛んでいく槍が描かれていました。これは、明らかに大昔の食料探しの狩猟の旅の記録であり、狩猟の成功を穴居人たちに思い出させるものでした。つまり、暖かい焚火を囲む安全な場から出かけていくときに彼らが最後に目にしたものは、うまくいった狩猟の力強いイメージだったわけです。それによって彼らは、自信をふくらませて食料探しに出かけることができたのです。

そうした、ワイルドで危険な時代においては、自信を高められるかどうかに人の生死がかかっていたかもしれません。もちろん、穴居人たちは意識してマインド・マネジメントを実践していたわけではありません。でも、彼らがあの絵やデッサンの助けを借りて実行していたのは、本質的にはそういうことだったのです。

スポーツチームが、更衣室をよく「洞窟みたい」にする——壁一面に、過去の栄光や成功を映した大きな写真を貼る——のは、そういう理由からではないでしょうか。ピッチまでの通路を、ホームチームの偉業を伝える写真で飾っている光景もよく見ます。こうした光景が、アウェイチームにネガティブな影響を与えるのはまちがいありません。もちろん、自信はプラスにもマイナスにも作用します。それでも本質的に、こうしたアスリートやスポーツ界のスター選手は、1万7千年まえの穴居人とかなり似ていると思います。どちらも、比較的快適なゾーンのぬくもりや、安全な場所を離れる最後の瞬間まで、自信を高め、それから闘いの場に向かうのです。

では、私の〈ハリウッド映画ツール〉は、どのように使えば、同じように自信を高めることができるのでしょうか？

もしも、なんだか扱いにくそうだと思われるのでしたら、私が保証します。皆さんは、おそらくすでにこのツールを実践しています。というか、私たちはみな実践しているのです。「夢想」は一種のメンタル・リハーサルです。この世に、夢想しない人などいるでしょうか？

私は当然、夢想を知っていますし、なんなら学校では夢想ばかりしていました。しまいには教師に怒鳴りつけられて、突然はっと我に返ったものです。「マクファーソン！　窓の外をぼんやりながめるのはやめて、黒板に集中しろ！」木工技術の授業だったら、この〝モーニングコール〟に続いて、大きな木のきれはしが頭めがけてよく飛んできたものです！　そのきれはしを教師に投げかえすメンタル・リハーサルもよくやりました。もちろん、実際には投げたりしませんでしたが……。

それでも私の言いたいことは変わりません。ぼんやりしながら頭の中でシナリオを実演し、将来起こるかもしれない出来事を想像する――ときにはかなり細かいディテールまで――といったことを、私たちは毎日繰りかえしています。でも、基本的には**どれひとつとして現実には起こりません**。ただ、頭の中で視覚化しているだけです。

このように、視覚化する力は誰にでも備わっています。私たちはみな、どのような試練に直面していても、こうしたメンタル・リハーサルによって、最高の自分になることができるのです。私なりに考えた視覚化のアイディア、つまり〈ハリウッド映画ツール〉の秘訣は、この視覚化のコツをつかんで、そのノウハウを最大限、プラスに活用できるようになることです。

視覚化が上手な人もいれば、それほどうまくない人もいます。ただ、たいていの場合、上手な人は実践した回数が多いから、ほかの人より上手になったというだけのようです。メンタルのスキルは、楽器の演奏のような技術的スキルとかなり似ています。練習すればするほど上手になります。〈ハリウッド映画〉のノウハウも、練習すれば上達するツールなのです。そして、熟練すればするほど、自信がどんどん高まる――それが最大のごほうびです。

ツールを使えば、単なる夢想よりもすぐれた視覚化ができます。特別な視覚化のノウハウを使い、実践を重ねていけば、視覚化の作業に**かなりのエネルギー**を注ぎこめるし、それがとてつもないプラス効果につながります。

ここからは、私が人前で話すときにどうしているかをお話ししましょう。私にとっては高いハードルのひとつです。講演はこれまで何度も行ってきましたが、学校や大学で講義をするとなると、今でも緊張してしまいます。私だけではないでしょう。人前で話すというのは、多くの人にとって最悪の悪夢です。それどころか、〈恐怖症ワースト5〉にも、たびたびランクインします。この恐怖症は、〈発言恐怖症〉などと呼ばれることもあります。

約束した講演の日が迫ってくると、私はいつも〈ハリウッド映画ツール〉を活用します。その日がさらに差しせまると、私のサル〝マイク〟が興奮しだし、声が大きくなります。私がしくじって馬鹿なまねをしないように気を配っているのです。額にシワを寄せているマイクをなだめるため、まず彼に、似たような講演ならこれまで何度もやってきたじゃないかと伝えます。でも、たいていの場合、それだけではマイクは静かになってくれません。

そこで、マイクを映画に連れていきます。観るのは、大ヒットした私の最新ハリウッド映画『さよなら発言恐怖症』です。映画がそろそろはじまります……でも最初に、まずまず快適と言える場所を見つけなくてはなりません。安心して目を閉じることができて、これから20分ほど邪魔をされない場所です。なにしろ、映画は**私の頭の中で**上映されるのですから。

目を閉じたら、何にもたれているにせよ、そこでいつも以上にリラックスして、痒《かゆ》くてたまらないところをかいてから、体をじっとさせます……そうしたら、そうなって初めて、自分の呼吸に注意を向け、〈禅の呼吸〉のスイッチをいれることができます。そのまま、呼吸に向かってこう言います。もっとゆっくり……もっとゆっくり……。呼吸を穏やかにしなくてはならないのは、あなたの〈ハリウッド映画〉を最大限に活用するためです。

この段階まで来たら、動いているのはおなかだけのはず。ゆっくり上下に動いています。〈禅の呼吸〉の効果が驚くほど現れてきます。まもなく、頭のてっぺんからつま先まで、体じゅうに、すばらしい平穏と静けさが訪れます。こうして、だんだん感情と思考をコントロールできるようになると、サルのおしゃべりは徐々に消えていき、やがて、ささやきに変わります。

では、この挑戦を、できるだけむずかしいものに設定してみましょう。ここでは、親友の結婚式で花婿の付添人を頼まれたと考えてみてください！

脳は目標があるのが大好きです。ですから、このツールの第1段階は脳に目標を与えることです。私は鳥のようになって、もうひとりの私を頭上から見下ろします。神経科学の世界では「三人称視点からの視覚化」として知られており、望む結果を明確にするのに、かなり効果的な手法です。

高みから見ると、もうひとりの私は主賓のテーブルにつき、結婚式にふさわしい服を着ています。すべての招待客の姿がはっきりと見え、もうひとりの私は、スピーチの順番が来るのを静かに待っています。このイメージは、すべてが高解像度画像のように鮮明であり、色彩も鮮やかで、細かいところまでよく見えます。そのまま高みから見ていると、もうひとりの私が席から立ち上がります。じっくり時間をかけ、あわてる様子もありません。そのボディランゲージから、自信たっぷりでリラックスしているのが見て取れます。念入りに選んだ、幸せなカップルにまつわる気のきいたジョークに、少しでも笑いが起きてくれたらありがたいところです。そうなれば、結果としては理想的です。

さて、このように目標全体（歓迎されるスピーチ）が頭の中で明確になったら、第2段階に進みます。脳は**目標を達成する**までの作業が巧みなので、ここでは**一人称の**すてきなスピーチを視覚化します。これを達成するために、私は映画監督となった心の中で、それまでの高みから下に降りてきて、その場面をもう一度、最初から想像します。ただし、**今度は自分自身の目を通し**ます。とてつもなく細かいディテールと自分の知覚を総動員して、**こうなってほしいと思うことをそっくりそのまま体験**します。これが「一人称視点からの視覚化」であり、神経科学からも、この手法は「三人称視点」よりもパワフルであるという、しっかりとした裏づけがとれています。というのも、この視覚化は自分自身の五感と感情を使って、あたかもその瞬間瞬間を実際に体験しているかのような経験を作りだしているからです。

さて、私は披露宴で主賓席についている自分を想像します。自分の五感をすべて使って、映画『さよなら発言恐怖症』に生命を吹きこみ、その映画の主演スターとなるべきときが来ました。私は自分に聞こえる音——グラスがかちんと鳴る音や、たくさんの人たちのざわめき——を聞きます。自分に見えるもの——美しい服に身を包み、笑みを浮かべながら、すばらしいひとときを過ごしているすべての招待客——を見ます。その場に漂うにおい——ごちそうや、花や、おそらくは香水のにおい——をすべて嗅ぎます。足もとのカーペットや、座っているおしゃれな椅子の感触もあります。〈禅の呼吸〉のスイッチをいれ、そのまま上演を続けていると、いよいよ椅子から立ち上がる場面が訪れます……さあ、見せ場です！

じっくり時間をかけ、披露宴会場のいちばん奥まで声が届くのを確認し、手の中のスピーチのメモの感触を確かめます……。スピーチは短めに、できたら感じよく……。自分がすばらしいスピーチをするのを体感します。長さもちょうどよく、ジョークの数もちょうどよく、最後に気持ちのこもった賛辞のことばを幸せなカップルに贈ると、熱狂的な拍手がひとしきり起こります。

自分の席に戻り、ほっと一息ついて、冷えたビールをぐいっと飲もうと手を伸ばしたところで気がつきます。大仕事がようやく終わったのです。すべてうまくいきました。サルがイライラすることもなく、叫び声を上げることもなく、問題は何もなし――。すばらしいエンディングのように思えます。実際そうだったのです。

どうか決して忘れないでください。あなたの〈ハリウッド映画〉の中では、**あなた**は主演スターであるばかりでなく、脚本家であり、プロデューサーであり、監督でもあるのです。次に何をしろとか、どのようにしろと、あなたに言ってくる人はいません。だからこそ、いつも完璧な物語を視覚化することができるのです。

さて、この視覚化ではいったい何が行われたのでしょう? 脳がプログラムされ、「いかに困難な状況でも、自信を持ってすばらしいスピーチをしなさい」という指示が私の体に送られたのです。

脳はボスです。体は常に従わなければなりません。この視覚化の作業により、あなたは意識(つまりサルです)のレベルを下げ、右脳(あなたの想像力もそこに住んでいます)による支配を可能にしたわけです。メンタル・リハーサルを細部に至るまできちんと済ましておけば、実際に行動するときが来ても、すでに無事にやり終えているような気がするはずです。

世界で最良のシミュレーターがあるのは、F1レーシングチームの本拠地ではありません。人の潜在意識の中です。この、視覚化というノウハウの重要な点(自然科学の一分野である神経科学の裏づけもあります)は、メンタル・リハーサルをしているあいだ、**潜在意識は、あなたの想像と現実の区別がつかない**ということです。

恐ろしい悪夢から突然目覚めたとき、どんな気持ちになるかを考えてみてください。汗をかいていて、心臓は早鐘を打ち、不安で、おびえています。でも実際には、あなたは暖かくて安全なベッドに寝ています。あなたの潜在意識には、この悪夢と現実の区別がつかないのです。裏を返せば、このツールがどれほど強力なものになりうるかという証明にもなっています。憶測で言っているわけではありません。潜在意識の中で視覚化をしていると、ある出来事の視覚化を実行するために脳細胞が起動します。それらは、現実の生活でその出来事を実行するのに使われる細胞と、まったく同じ細胞なのです。科学がそれを証明しています。

ふだんから正しい視覚化のノウハウを実践していれば、自信が芽を出し、育っていきます。そうすればパフォーマンスも向上し、さらに成功して、自信がさらに高まります。自分が〝積極性〟という円の中心にいるように感じられるのは、最高の気分です！

しかも、気分はますますよくなるばかりです。本当の自信はいつまでも続きます。自信が深まって、それが続けば、さらに成功できますし、そうなったらさらに自信がつく。その繰り返しです。要するに〈自己信頼〉という家を築いているようなものです。成功するたび、家の階をひとつ増やして、もうひとつ高い階数になり、最後には潜在能力を最大限に活かして、目標をすべて達成し、夢想していたことをすべて実現するのです。

自信がずっと高まっていけば、本当の自己信頼という領域に近づいていきます。すべての偉大なチャンピオンがいる世界です。まわりを見まわしてください。スポーツ界のレジェンドでいえば、モハメド・アリ、ロジャー・フェデラー、セリーナ・ウィリアムズ、ルイス・ハミルトン、ジェシカ・エニス＝ヒルがいます。偉大な指導者であれば、ウィンストン・チャーチル、マーガレット・サッチャー、ネルソン・マンデラ、マハトマ・ガンジー、ダライ・ラマ、エイブラハム・リンカーン、マーティン・ルーサー・キングがいます。独立独行の人や先駆者であれば、フローレンス・ナイチンゲール、ロザリンド・フランクリン、マリー・キュリー、アメリア・イアハートがいます。実業界の大物や起業家だったら、ジェフ・ベゾス、スティーブ・ジョブズ、リチャード・ブランソン、ヘンリー・フォード、ビル・ゲイツ、イーロン・マスクなどです。

私が自己信頼を定義するとしたら、「目のまえにある試練がなんであろうと、どこにあろうとも克服できるという、人の魂の奥深くにある強い感情」でしょうか。自己信頼は同時に、物事が計画どおりにいかないときに短期間で立ちなおることができる力も当人に与えます。そうした力を得た人は、自分には限界を超えるスキルがあると信じ、限界を超えるために、さらに自分自身を応援するはずです。「打たれ強さ（bouncebackability）」は今やオックスフォード英語辞典にも収録されている単語です。このことばは、あなたの〈自己信頼の家〉の各階すべての壁に、あなたの過去の勝利や成功を描いた絵や、デッサンや、写真とともに息づいています。

自己信頼は、偉大なスポーツ選手や歴史上の偉人だけのものではありません。あなたが毎日、プラス効果を手にいれ、楽しむためのものでもあるのです。ですから、あなたもこの〈ハリウッド映画ツール〉を使って、どんな状況でも最高の自分でいられるように準備をしてください。あなたの映画のすべての場面を、細かいところまで実践し、それに集中すれば、これまでにないほど自信が高まります。

さて、映画を終える時間がきました……エンドロールを流してください！

ケーススタディ

ハリウッド映画

マーティンの場合

マーティンの医療に関する問題は、彼の美しいパートナーであるメアリーからすべて聞きました。マーティンは、医療の専門家からほとんど見放された状態でした。医師からは、体には問題がないと言われたそうです。つまり、問題は「頭の中」にあるはずだと遠まわしに言われたわけです。以下の体験談を読んでいただければわかりますが、確かに「頭の中」の問題でした。ただし、医師たちが言っていた意味とはちがっていました。

体験談でメアリーは、マーティンの回復までの物語を申し分なく語ってくれています。ひとつ付けくわえるとすれば、なしとげたのはメアリーとマーティンであり、私ではないということだけです。マーティンが手術まえに楽しんでいたことを、今もすべて楽しんでいると知って、嬉しく思います。とくに、「自分のオートバイにまた乗っている」とは！　以前のマーティンは、自分の体の治癒力に自信を失くしていました。心と体がまったくバラバラだったからです。彼が回復に用いたツールは〈ハリウッド映画〉。愛するオートバイにまたがった、マーティン主演の大ヒット映画です！　それでは、メアリーが本書に寄せてくれた体験談をお読みください。

私がマーティンと出会ったのは、2001年の夏の終わりです。私はマーティンのお姉さんに頼まれてカーテンを作ったのですが、それを、当時彼女が住んでいた、ロンドンにあるマーティンの家まで配達してほしいと言われたのです。秋の終わりになって、別のカーテンを、今度はマーティンが働いていた場所まで届けました。やがて、ふたりで午後の散歩をしたり、夕食を食べたりして——で、現在に至ります。あれから18年が過ぎました。マーティンの病気と回復について私が書いたメモがあるので、そこから要点を書きだしてみます。

- 2001年、マーティンは耳が聞こえづらくて体のバランスがおかしいと医療機関を受診しています。そしてMRI検査を受けることになりました。
- 2001年5月、良性脳腫瘍の一種である聴神経腫瘍が見つかりました。
- その年の10月、マーティンは神経外科の専門医の診察を受けました。選択肢としては、何もしないか（これは選択肢になりません）、切除するかだと言われました。残しておくと、腫れ物は大きくなるということでした。腫れ物はすでにマーティンの聴覚を奪いはじめており、細い外耳道を越えてほかの部位へ、さらには脳の中にまで影響を与えるようになるだろう。少なくともその可能性はあるというのです。マーティンは腫瘍切除手術の順番待ちリストに載りました。

- 手術の前日、マーティンを車で病院まで送ったのを覚えています。彼は、子どもみたいに私とかくれんぼをしながら、ゆっくり第3病棟に向かっていき、やがて見えなくなりました。
- 当時はマーティンと暮らしていたわけではありません。でも、彼のことは心から愛していました。翌日、彼が8時間にわたる手術を受けると考えただけで……これが現実でなければいいのにと思うばかりでした。
- マーティンが手術を受けたのは2002年7月29日の午前中です。
- 今も覚えていますが、私は人目につかないように職場の駐車場にいました。頃合いを見はからって病院に電話をし、マーティンの手術はすべてうまくいったのかと聞くつもりでした。
- 病院のベッドに寝ているマーティンは、とてもおかしな恰好をしていました。ターバンみたいな包帯を頭に巻いて、細長い脚には外科治療用のストッキングを履いていたんです。病院に見舞いに行くと、いつもおなかをすかせていて、脚がふらついていましたが、人には頼ろうとしませんでした。つまり、自分のことは自分でしようと決めているようでした。マーティンが必要としていたのは、日課と、心身の力と、できるだけ早く元通りに回復することでした。彼の中の、ある種の（私に言わせれば）「理屈を超えた何か」が、弱さに屈するのを望んでいなかったのです。

• 手術のあと、マーティンはしばらくお姉さんのところにいました。平穏な、いつもの毎日に戻れるまで、そうしていました。
• 私がマーティンのところに移り住んだのは、２００３年春のことです。
• その前年の２００２年9月10日、マーティンは担当医の診断を受けました。マーティンのメモには、「体の調子はかなりいい。心身のバランスと見当識《けんとうしき》（訳注：自分が置かれている状況を総合的に把握し、理解する能力）がよくなっている」とあります。
• マーティンの労働観について。暗くても、雨が降っていても、毎日午前8時から午後5時半まで働く、というのが彼の勤務時間です。人の助けはなかなか受け入れようとせず、すべてを自分でやりたがります。仕事で穴をあけろと言われたら、重い電動ハンマーを持ち上げ、足のまわりだろうが、頭上であろうが、とにかく穴をあけます。そんなことをしたら、ずきずき痛む頭にダメージを与えるとわかっていてもです。
• 以下は、手術からそろそろ3か月というころの、マーティン自身のメモから。「10月21日から25日まで、ノーフォークのテス（マーティンの姉）のために仕事をした。頭痛はなかったが、丸一日働いて、かなり疲れた。体調については全体的に満足している」
• 「11月上旬。友人のために、ちょっとした仕事をいくつかした。それほど激しい作業はなかった」
• 「11月中旬。医師に診てもらう。副鼻腔炎のような、かなりの痛み。一連の抗生物質による治療。効果なし」

・「11月下旬。頭痛がはじまったが、まだそれほどひどくはない。しかし、頭痛は徐々にひどくなっている」

・「12月12日。医師に診てもらう。頭痛がひどくなってきた」

・「あれ以来、ひっきりなしに頭痛がする。錠剤をのめば痛みはやわらぐが、完全になくなることはない。とんでもなく痛むことがある。午前中や早朝はとくに。痛みの程度によって、錠剤を1日に3回か4回服用している。心身のバランスが影響を受けている。職場の連中に言わせると（ふだんから、とくに思いやりのある受け答えをする連中ではないけれど）、私の目が、いかにも痛そうだという。頭痛のせいで体がまいっている。ひどく疲れた」

・マーティンのメモはここまでです。

・担当医との次回の予約は2003年2月11日。

・私は、マーティンの術後の頭痛（持続性頭痛症候群）には、別の取り組みが必要だと考えました。2003年7月1日、マーティンは別の医師に診てもらいました。

・このころマーティンは、鎮痛剤と抗うつ剤を合わせて服用するようになりました。あまり眠れていないようで、首を左右にまわしたりして、ベッドの上でじっとしていません。頭を揺すっては、痛くない姿勢を探しているのです。いちばん顕著なのは体重の減少です。

痛みは体の状態にまで悪影響を及ぼし、筋力や体力をすり減らしました。心身のバランスも、急に良くなったり悪くなったりで、本当に苦しんでいました。

・この時期、マーティンはずっと働きづくめでした。でも、忙しいほうがいいのです。そうでないと、ずっと痛みに襲われるだけですから。周囲に大騒ぎされたり、干渉されたりするのをいやがり、助けは拒絶します。それでも幸いなことに、マーティンはたいてい、彼のことを気にかけ、世話をしてくれる人たちのために仕事をしたり、そうした人たちといっしょに働いていたりしていました。

・ある朝（私が初めてドンに電話をかける何週間もまえのことです）、マーティンは職場で意識を失いました。身長190センチの体が、まるで大木のように建築現場の瓦礫《がれき》の中に倒れたのです。私に電話をくれたのはマーティンの同僚のマイクでした。マイクはマーティンが救急車をいやがるのを知っていたんです。そこで私が家に連れてかえりましたが、マーティンは意識が朦朧《もうろう》としていて、そのまま眠ってしまいました。結局、その日のうちに病院に担ぎこまれ、検査を受けることになりました。あまりにも長く意識がなかったものですから……。でも、検査結果は「異常なし」でした。

・このとき、マーティンに言われました。「もうダメかな？」って。

・このことがあってから、なんとかしなくてはと思いました。マーティンを心配させないように、彼にプレッシャーがかからないように、彼のまわりで、彼のために、彼に隠れて、黙ってしてあげたことがいろいろあります。なるべく、きついことはさせないようにしたんです。マーティンの友人や同僚にも相談して、彼の体が治るためにできることはなんでもしました。そうして私が何かしているのを見つけて、マーティンがむっとすることもありました……。でも、ほかにどうしたらいいんでしょう？　彼はもう、体の自由がききませんでした。かろうじてできることを、ただ続けているだけでした。見ていてたまらなくなりました。

・私の父は、かなり若いころにガンで亡くなっています。まだ52歳でした。とても生命力にあふれた人だったのに……。父は、自己催眠プログラムを利用していました。自分の中で起こっていることや、自分のまわりで起きていることについて助けを必要としたのです。このことを通じて、私は自分の無力さを思い知らされました。ガンが父をむしばもうとしていたのに、止めることができませんでした。それでも、父といっしょに面談《セッション》を何度も受けたことで、少し心が救われました。

・この、父との経験を念頭に置きながら、イエローページや図書館を利用して、4人の名前を見つけました。まず最初の3名に電話してみました。すべて男性です（当時、こういう仕事をしている女性はあまりいませんでした）。専門家であるこの人たちに電話で接触してみて、彼らと気持ちが通じ合うか、理解し合えるか、そして彼らがあの時点におけるマーティンの状態を理解してくれるか確かめてみよう、そう考えたのです。マーティンは、どれも同じようなことが書いてある催眠療法や心理学の本を拾い読みしていましたから、そういう本を書いた感じの、いかにも弱々しそうな感じの人物だったら、彼は耐えられなかったはずです。案の定、私が電話をかけた最初の3人は、まさにそういう感じの人でした。

• しかしドン、あなたはちがいました。あなたは耳を傾けてくれました。あなたの声は力強くて、いばり散らすこともなく、自分の考えを私に押しつけようとしませんでした。あなたの話を聞き、相手の個性や必要に合わせて仕事ができる人だろうと思いました。あなたなら理解してくれる。そんな気がしたのです。

• 初めてお会いしたとき、マーティンは、痛みがありながらも自分のオートバイであなたのところへ出かけました。そして、セッションが終わると、頭がふらふらしながらも、穏やかな気持ちで用水路沿いの道をオートバイで帰ってきたんです。あの最初のセッションで、あなたは短いあいだとはいえ、彼の痛みを取りのぞいてくれました。そして、それに続く8回のセッションで、あなたはどうすれば自分の体を理解し、コントロールできるかをマーティンに教えてくれました。ドン、何よりも大切なのは、あなたとマーティンが気持ちを通じ合わせ、彼があなたを信頼したことです。マーティンの好きなオートバイについて、深く掘りさげて話しあってくれたのはさすがです。

• そもそもマーティンは、この手のことには懐疑的でした。ふつうの状況だったら目もくれなかったでしょう。でも、ほかに打つ手がなかったのです。医師も、鎮痛剤も、抗うつ剤もダメでした。それどころか、マーティンが服用していた薬の組み合わせは、痛みを悪化させるだけでした。それぞれの薬の効果がお互いに邪魔をし合い、組み合わせによる別の痛みが出たのです。もともと術後の痛みがあったところに、それが加わって、すさまじい痛みになりました。だから、なんとか別の方法で解決しなくてはならなかった。それが1年のあいだに、あなたは奇跡を起こしてくれたのです。

• マーティンは今年で72歳になりました。あいかわらずスカッシュをしています。今でもバイクに乗るし、自転車にも乗ります。仕事は週4日――まあ、それが目標なんですけど、いつもそうはいきません。今でも軽い頭痛があり、少し脚がふらつきます。でも、それはマーティンがしっかりしていれば（いつもしっかりしているわけではありませんが）なんとかなります。本当のところ、働くのをやめてしまったら、毎日、何をしていいかわからないでしょうね……。今も日課は決してさぼりません。それがマーティンにとっては大切なことなんです。ちょっとした痛みはありますが、基本的には元気です。

セッションをはじめてまもないころ、マーティンは、はっきり言いました。自分は人生を楽しみたい。痛みもなく、もっと幸せだった日々に、できるだけ早く戻るつもりでいる、と。とくにオートバイに情熱をまた傾けたいということでした。〈禅の呼吸〉ツールと〈カイゼン〉を続けていくと、やがてマーティンは自分自身の力でだんだん体を――とくに頭皮や、首や、肩の筋肉を――リラックスできるようになりました。それで、なんとか我慢できる程度まで、頭痛をだんだんとやわらげることができるようになったのです。

マーティンのために個人用のMP3音源を吹きこんだとき、彼が再びバイクにまたがる姿の視覚化も、内容に取りこみました。マーティンにこんなふうに語りかけたのです。エンジンの爆音を聞き、風を切って走るのを感じ、タイヤが路面をつかむのを感じ、グローブ越しにハンドルを感じてください……。アクセルとブレーキを感じ、あなたとひとつになって、仲良くシンクロしながらあなたの体の下で踊っているオートバイの動きとエネルギーを感じてください……。そして、もう一度、自由にオートバイに乗り、それがもたらす歓びをすべて楽しめるようになってください……と。これがマーティンの〈ハリウッド映画〉です。主演スターは、まちがいなくマーティンです。

ツール 5

頭から抜けだせ

どうすれば集中できるのか。必要に迫られた際《オンデマンド》の集中をするには、どうしたらいいか

「集中して！」ほとんどの人は、さまざまな機会にこんな指示を受けます。子どもはたいてい、このことばで怒られます。でも、集中とはいったいなんなのか、自分の胸に聞いてみたことがありますか？ ある定義によれば、「特定の対象やタスクに**すべての**注意力を向ける、意図的な行為やプロセス」なのだとか。私は、集中力とは、得意な人もいれば、そうでない人もいるという、一種の技術であり、生きていくうえで不可欠なスキルでもあると思います。集中力は、人生の多くの面に直接的な影響を及ぼします。だからこそ、このきわめて重要なスキルの使い方を学ぶのがとても大切になってくるのです。

まわりを見ると、信じられないほど集中しているスキルのお手本が山ほどあります。まずは家庭で飼っている愛《いと》しいペットから。私はよく、わが家の飼い猫ジョージをオフィスの窓からながめています。ジョージは、ネズミが茂みから姿を現すのをじっと待っていました。彫像みたいにじっと動かず〈まちがいなく〈禅の呼吸〉をしていました！〉、そのやさしそうな目は、レーザー光線のように集中

して茂みに向けられています。集中しながら自分をコントロールする技を、明らかに身につけていました。心と体がすべてつながり、それでいて、すっかりリラックスしているのです。いよいよ飛びかかろうというときには、本能に従い、迷いもなく、何かを考えることもなく、ただ、とてつもなく集中して「行動」します。結末はひとつしかありません。それ以上は言わないでおきましょう。ネズミを愛する方や、繊細な方のために……。

この技は人間でもマスターできます。競技中のプロのスポーツ選手を見ていると、どの選手がいちばん〝リラックスしながら〟集中しているかが、すぐわかります。テニスの試合で、一方の選手が落ち着きはらい、集中していて、もう一方が冷静さを失っていたら、どちらの集中力が上かは、専門家でなくてもわかりますよね？

私はたくさんの有名なスヌーカー（訳注：ビリヤード競技のひとつ）の選手と仕事をしています。スヌーカーは、かなりの集中力を必要とするスポーツです。大きなトーナメントであれば、（黙って観客席に座っている）何百人、ときには何千人という観客の目のまえで、さらには何百万人という人が自宅で観ていると知りながら、最終フレームでおよそ3・6メートル離れた的球《まとだま》に、寸分の狂いもない正確さで当てることのできる人――それがチャンピオンとなる人です。一般的に、スポーツのトップレベルの選手は、集中力を完璧にみがいた人ばかりです。はっきり言って、そこまでの集中力がなければ、トップにのぼりつめることはできないからです。

ショービジネスの世界も同じで、とてつもない集中力の持ち主がいます。例えば、テレビのダンス番組『ストリクトリー・カム・ダンシング』に出演するプロのダンサーは、すぐれた身体能力や、筋肉の協調、踊りのスキルや五感を総動員して、今という瞬間にどこまでも没頭し、パフォーマンスと一体化します。ダンサーが、ダンスそのものになるのです。

でも、そこまでの正確さで集中できるのは、世間から注目されている選ばれた人びとだけではありません。ここでは、軍隊で働いている頼もしい人たちのことを考えてみましょう。例えば、治安の悪い国で偵察任務を行うとします。建物に囲まれた人気のない道路を歩くと、どの曲がり角にも危険が潜んでいそうです。それでも彼らは瞬時にその場の状況を把握し、自分たちの任務や、まわりの仲間の動きと位置を常に心に留めておき、もしも異常事態が発生したら、生きのびるために集中力を瞬時に高めなくてはなりません。少なくともスポーツでは、集中力が落ちたら、ゲームやポイントを落とします。トーナメントから脱落するかもしれません。もしも兵士がぼんやりして、集中力を失くしたら……そのときは、究極の代償を払うことになるかもしれません。

この話からわかるのは、人は自分が危険な状況に置かれていると気づいたら、「必要に迫られた《オンデマンド》際の」最大限の集中力を、瞬時に発揮できるということです。ほかの例としては、危険を伴うアクティビティへの参加があげられるかもしれません。ロッククライミングとか、外科手術を担当するとか、いきなり路上で発生した予期せぬ事態への対応といったことです。こうした状況に置かれると、人は目のまえのタスクに全集中力を傾けることができます。生死がかかった状況かもしれないからです。目のまえの試練や、自分（あるいはほかの人）の安全に対する現実的脅威がなくなるまで、一瞬たりとも気を抜かず、とにかくそのタスクにありったけの集中力を傾けなければなりません。

もちろん、日々の暮らしの中にも集中力が高まる例はいくらでもあります。コンピュータゲームで自己ベストを狙うティーンエイジャーとか、クリスマスのプレゼントを開けようとしている子どもとか、おいしそうな骨をくわえた犬とか……考えだしたらきりがありません。

しかしふつう日常生活で顕著なのは、むしろ集中力の**欠如**です。例えば、高速道路を運転していると、車線からはみ出す車に出くわすかもしれません。私も最近、ある歩行者が街灯のポール部に激突するのを見かけました。自分がどこを歩いているかに意識を集中せず、携帯電話の画面を見ていたからそうなったのです。会議中に（あるいは授業中に）ぼんやりしてしまい、あとから大切な情報を聞きのがしたと気づく――これなら、誰でも身に覚えがあるはずです。

心と体がぴったり調和していれば、集中しようと考えるまでもなく、自然と集中できるものです。逆に、なんらかの理由で心と体がつながっていないと、すぐに何事もうまくいかなくなります。

何百年もまえから東洋の武道の達人は、すぐれたパフォーマンスという箱を開ける鍵は、高度な集中力であると理解していました。テニス史上最高の選手のひとりであるロッド・レーバーのことばを引用します。「集中するには、頭の中からボール以外のものはすべて消さなくてはならない。あるのはボールだけ。目をボールに貼りつける。ボールとひとつになるんだ！　常にボールを視界にいれておく。ボールを一種の強迫観念にしてしまう。そういうトランス状態になったら、プレッシャーが入り込む余地などない。自分とボールしか存在しなくなる」

ここまで読んだ方は、こう考えるかもしれません。「自分がテニスのチャンピオンになるとか、兵士として危険地帯を偵察するなんてあるわけがない。となると、この理屈は自分にあてはまらないのではないか」と。でも、いかに集中するかというのは、もしかしたら私が皆さんにお教えできる、いちばん重要なツールかもしれません。リラックスして集中する技術は、心が穏やかで、なんの不安もなく、自信を保っているための——つまり、無為の境地となるための——強固な土台となります。しかも私たちは、みな潜在的にこの能力を持っています。人の行為ひとつとっても、科学的に見ても、アートの世界でも（あるいはこれらすべてにおいて）確かなのは、**集中力はあらゆるメンタルスキルのボス**であり、**心を制御するすべての技術の頂点**だということです。なぜならば、集中力がなければ、何も達成できないからです。しかし、ありがたいことに、集中力の向上は、いつでも、どこでも、誰にでもできるのです。

テニス選手と仕事をしていたころ、コートからいちばん聞こえてきたのは、ボールがラケットに当たってはね返る音ではなく、むしろコーチが（多くの場合、うろたえた）教え子に向かって「集中しろ！」と怒鳴る声でした。理屈としては、いいアドバイスです。でも、いつも思うのですが、才能ある若者たちに「**どうしたら**集中できるか」を教えた人が、どれくらいいたでしょうか？　また、どうすれば集中するスキルをもっと高いレベルに上げられるかを教えた人は、どれくらいいたでしょうか？

本章で、集中力を高めるための（そして人生を変えるための）ノウハウをあなたにお伝えするには、まず、集中力が足りないときは何が起こっているのかを説明しなくてはなりません。
さあ、〈頭から抜けだす〉ときです！

最初に、あなたの現在の集中力をテストします。そこをスタートラインとして作業をしていきましょう。

まず、鉛筆を持ってください。その鉛筆に注意力をすべて傾け、気をそらすものはすべて意識から追い出し、手の中の鉛筆に意識を集中します。とにかく鉛筆に**没頭して**ください。魅せられたように集中してください。知覚のすべてのスイッチをいれて、鉛筆をじっくり観察します。指でその形状を感じ、鉛筆とひとつになって、鉛筆を大切に思ってください。触れた感じは、すべすべしていますか？　どんな色をしているのでしょう？　木のにおいがしますか？　片側の端には消しゴムがついていて、もう片側の先はきちんと尖っていますか？

ここまでできれば、あなたはもう集中しはじめています。五感を使って鉛筆とひとつになっている時間が長ければ長いほど、あなたは鉛筆に「ロック・イン」されており、集中力というエンジンにターボがかかっています。

集中力を高めるノウハウの説明としてもうひとつよく使われるのが、ロウソクの炎をじっと見つめる、というものです。明るい光や、人を誘うように踊る炎を見ていると、信じられないほど――トランス状態みたいに――リラックスできます。それは、数分も経つと目の筋肉が疲れてくるからです。

ステージ上で催眠術師から頭上の明るいライトを見上げるようにと言われたり、振り子のように揺れる懐中時計を見つめるように指示されたりすると、目が疲れてくるのと同じです。原理は同じですので、鉛筆でも炎でもいいから、まずは試してみてください。

ただし、賭けてもいいですが、何度かやっていると、そのうち眠くなります。単調でつまらないタスクにずっと集中するのは、どんなときも、かなりむずかしいものです。それでも、集中力を高める訓練としてはプラス効果が高く、やってみる価値はあります。

集中力を失うとき、人に何が起こっているかと言えば、それは気をそらす外的要因か、あなたのサルのどちらかが、集中力を妨害しているのです。多くの場合、外的要因を排除する行動は自分で起こせます（ラジオを消す、静かな部屋に移る、など）。しかしながら、本人にはどうしようもない外的要因もあります（例えば、にぎやかな部屋でプレゼンテーションを行っている場合を考えてみてください）。こうした外的要因にどう対応するかが、あなたの集中力を左右するのです。

意図的であれ、偶然であれ、気をそらす原因となる人や物にはイライラしますし、不快です。その対処法としてお勧めする戦術はふたつです。①自分が今していることにさらに没頭し、五感を研ぎすましで、とにかく外的要因を締めだす。②〈禅の呼吸〉のスイッチをいれて、自分を「ロック・イン」する。そうすることで、あなたのサルをコントロールし続け、次に、自分の感情と肉体もコントロールするのです。

2番目の妨害者は、あなたの内なるサルのおしゃべりです。これは自分でコントロールできるはずです。鉛筆を手にしたらすぐにサルは、「こんなの退屈だよ！　ただの鉛筆じゃないか！」と言ってくるかもしれません。サルの言っていることは、ある程度合っています。確かにただの鉛筆です。でも、そういう問題ではないのです。何らかの「行為」に完全に集中するためには、「今という瞬間」にいなくてはなりません。サルは、残念ながら、今という瞬間にいるのが苦手です。過去や、「そうなったらどうしよう」という未来にいるのが大好きなのです。そういうおしゃべりが頭の中で続いていたら、まともに集中するのは、たいてい不可能です。

最も純粋な形の集中――〈リラックスしながら集中する技術〉――を達成したければ、このようなサルを制御しなくてはなりません。純粋な集中とは、〈頭の中のサル〉を、今という瞬間にしっかりとどめ、「今」と「ここ」につなぎとめておける状態を指します。サルが住んでいるのは、もちろんあなたの頭の中です。だから、脳をチューニングするこのツールは〈頭から抜けだせ〉と呼ばれるのです。

ここでひとつ、よい方法を教えましょう。あなたが、あなた自身の頭の中のエレベーターに乗りこみ、体の中へと降りていくところを想像してみるのです。私の場合は、サルの〝マイク〟がかなりイライラして出しゃばってきたら（マイクはときどきそうなります）、私が私自身の頭の中のエレベーターに乗って、「地下」と書かれたボタンを押す姿を想像します。ボタンは押すと明るく光り、ドアが静かに閉まる音がします。「下にまいります」という（マイクのではない）声がして、続いてチンという音がします。数秒も経たないうちにドアが音もなく開き、私は体内の中心に無事にくるまれています。聞こえてくるのは、自分の〈禅の呼吸〉の穏やかな音だけです。その音を聞いていると、海岸に打ちよせる波を思い出します。とても心がなごみ、いたわるようなリズムで、寄せては返す波の音です。つい先ほどまで聞こえていたマイクの声はもう聞こえません……サルのおしゃべりは、もうたくさんです。

この段階までできたら、次は体内のガイドツアーに出かけます。まずは自分の右親指を視覚化し、続いて右手のほかの指を順に思いうかべ、さらに手の平、手の甲へと移ります。腕、肩、脚など、体のあらゆる場所を好きなだけ時間をかけて、じっくり見ていきます。ほんの数分で、心と体はしっかりひとつになります。いつのまにかサルのおしゃべりはやんでおり、無事に〈頭から抜けだす〉ことができました。

頭から抜けだして集中力を高めるのに役立つ、わかりやすいノウハウはほかにもあります。そのうち人気があり効果的でもあるのは、すべての注意を呼吸に集中させるというものです。ただし今回は、呼吸といっても、すでに学んだ〈禅の呼吸〉ではありません。あれは**呼吸のコントロール**でした。ここでは**呼吸の意識**に切りかえます。

まず、静かな場所を探しだしたら、呼吸のリズムにまかせて鼻から目いっぱい息を吸い、それからまた呼吸のリズムにまかせて鼻から目いっぱい息を吐いてください（口のほうがよかったら、それでもかまいません）。呼吸はコントロールしないでください。どんなスピードでもリズムでもかまわないので、呼吸はそのままにしてください。できるだけ長く、とにかく呼吸を観察し、呼吸に耳を傾けてください。呼吸はいつも、あっというまにあなたを、今という瞬間につなぎとめます。それによって、呼吸すると同時に、自動的に「オンデマンド」の集中力が生まれるのです。

先ほどの鉛筆のタスクと同じように、ほどなく「こんなの、とんでもなく退屈だ！」というサルの声が聞こえてきても、驚かないでください。これらは、想像するほど簡単な作業ではありません。でも忘れないでほしいのですが、練習がむずかしいほど、あなたの集中力は大きくなるはずです！ ですから、めげずにスキルの練習に励んでください。自分の中のエレベーターにさっと乗りこみ、比較的容易に頭から抜けだせるような感じがすれば、あるいは自分の呼吸を意識できるようになれば、こうしたスキルを日常生活のさまざまな面に応用できる準備は、すでに整っています。あなたの日常生活は、この新しい集中力をきっと必要としています。

いつでもどこでも必ず集中できる人などいません。とうてい無理な話です。ところが私たちの人生には、集中しなくてはならない場面が、少なからずあります。かなり高度な集中力を瞬時に求められる瞬間があるはずです。例えば、重大なスピーチをするとか、大切なプレゼンテーションをするとか、渋滞した道路で車を運転するとか、病院で手術を担当するとか……。こうした**本当に**集中しなくてはならない場合でも、先ほどのテクニックがあれば、「オンデマンド」の集中力のスイッチをいれて、完璧な結果を出すことができるのです。数式にすれば、次のようになるでしょうか。

〈最高のパフォーマンス〉＝〈才能・スキル〉－〈気をそらす物・人〉

日々の生活において、タスクや対象に一心に集中している人がいるとします。その人はおそらく、張りつめた様子でじっと凝視してはいません。くつろいだ、やさしい目をしているはずです。結果的に筋肉もリラックスしています。衝動的な動きに備えて体をこわばらせたりはせず、静かで落ち着いた行動をとる準備ができています。完全な集中というのは、何かを凝視するとか、張りつめた様子でいることではありません。むしろ、人の意識である〈頭の中のサル〉がその人のスキルに干渉して最高のパフォーマンスをさまたげないよう、サルの興味を引きつけておく方法を見つけることなのです。

この章であげた練習をすれば、集中力が高まり、極限まで集中した状態で集中力のスイッチをいれられるようになります。ふだんから、これらのノウハウを磨いてください。理想としては、ほんの数分でもいいので、毎日続けることです。もちろん、生きていれば、予想外の出来事や、とてつもなくプレッシャーのかかる状況がいきなり起こり、集中力を貯めておいた「予備タンク」を手動で開けなくてはならないときもあるでしょう。でも、ここであげた練習を積んでおけば、こうした極限状況に対しても、ずっと楽に対処できるはずです。もっとふつうの状況で、タスクや対象に集中しなくてはならない場合であれば、「頭から抜けだした」状態でそのタスクや対象に集中できるという気持ちに、すぐなれるはずです。

覚えておいてください。集中する（今という瞬間にとどまる）というのは、習熟するまでにかなりの苦労を要するスキルです。今という瞬間にとどまるのは、純粋で、混じりけのない集中です。そして、「オンデマンド」で集中することは――さらに重要なこととして、その集中状態を長く保って最高のパフォーマンスを行うのは――最もむずかしく、しかし最も大切なメンタルスキルなのです。

さあ、まずは例のエレベーターに飛び乗って、行きたい階のボタンを押しましょう！

ケーススタディ 頭から抜けだせ

ドクター・ラージ

手術用メスがサルと出会う！

ドクター・ラージ・ジャトリーと出会ったのは、私たちが若いレーサーたちと仕事をしていたときのことでした。ラージは、すこぶる優秀で情熱的なラリー・ドライバーです。そうそう、ちなみに彼は世界で最も著名で、腕の立つ心臓外科医のひとりでもあるのです！ラージと私は仲のいい友人となり、この関係は、こんにちまで続いています。心臓外科医というのは、医療関係の職業の〈レッドアローズ〉（訳注：英空軍のアクロバット飛行チーム）です（ラージ本人が私にそう言ったのです！）。

ラージは心臓のバイパス手術をしているあいだ、いつも極度のプレッシャーを抱えています。あるときその彼から、いつも落ち着いて集中していられるように手を貸してくれないだろうかと頼まれたのです。さらに、手術室に重圧がのしかかっていても１００パーセント集中していられるよう、ほかの手術チームのメンバーも指導してもらえないか、とも言われました。このときは〈禅の呼吸〉、さらに〈サルに警戒する〉が重要な役割を果たしましたが、以下にご紹介するラージの体験談の中では、主として用いられたツールは〈頭から抜けだせ〉となっています。手術室には「失敗」という選択肢はありません。ですから、頭から抜けだし、自分の体と――とりわけ自分の手と――ひとつになることが、最も決定的な瞬間において、サルからの干渉を防いだというわけです！

正直に言うと、ドンに会うまでは、〈頭の中のサル〉などという訳のわからないものは信じていませんでした。やがてわかったのですが、私は自分でも気づかないうちに〈頭の中のサル〉を手なずける練習をしていたのです。絶え間なくおしゃべりをして、落ち着きがなく、たいてい役に立たないサルは、手術のまえになると、私の肩に腰かけては、手術について、あるいは手術のどこに問題が生じそうかについて、ずっと論評します。今ならわかりますが、これはある種の防衛機制（訳注：適応機制とも。葛藤や痛みを予感したり危機に直面したりした際に無意識的に働く心の防衛反応）なのです。防衛機制は人を守りますが、同時に、ストレスが大きい環境で働く人にとっては、成功か失敗かを分ける決め手になってしまうかもしれません。とくに、そうしたストレスによって集中力が悪影響を受けるような人にとっては。

ドンのところに行くと、まず、セッションの時間は短いけれども、そのあいだに頭の中に入らせてもらうと言われました。やがてセッションがはじまりました。私は靴を脱ぎ、快適なアームチェアに座りました。静かなバックグラウンドミュージックが流れていました。いったい、この男は外科用メスもなく何をしようというのだろう？　そんなふうに考えたのを覚えています。数分も経たないうちに（いまだにどうやったのかわかりませんが）、ドンは私の頭の中にいました。そして、呼吸について、視覚化について、そしてもちろん、サルについて説明してくれました。

私はどう感じたか？　確かにかなり警戒していましたし、当初は不安もありました。でも、まもなく、とんでもなくリラックスした状態になりました。本当に眠ってしまったほどです。後頭部の張りはすっかりなくなり、頭皮のあたりもほぐれ、額のシワも伸びたような気がしました。ドンは、視覚化のノウハウを使って子ども時代の記憶にフォーカスすることで、セッションをさらに深めてくれました。彼のバリトンボイスが、話の内容を見事に引きたてていたのは言うまでもありません。

あの日は人生の中でも最高に意義深い日だったと思います。パフォーマンスの最適化における、心の重要性を悟った日でした。私の仕事では、集中力の低さが重大な結果をもたらしかねませんからね。

さらにドンと私は〈頭の中のサル〉について話しあいました。そして、次に手術を行う際には、手術着を着用するまえに義務づけられている、5分から8分の手洗浄のときにサルに話しかけ、手術中はずっと、この手洗いの部屋にいてくれと頼むことにしました。手洗いで両手を合わせたときの触覚をきっかけとしてサルを手なずける――そういう術を身につけたのです。今では、もしも病状がきわめてむずかしく危険なものだったら――例えば、真夜中に大動脈が破裂した患者が救急車で私のもとに運ばれてきたら——私はサルにこう言います。眠っていてくれ、でも必要なときに備えて待機していてほしい、と。同じ霊長類であるサルの了解は得ています！　今の私は、集中力も、正確に一点集中するレベルも、いちじるしく向上しています。

皆さんは、外科医ならたいていは、この手の訓練を受けているはずだと思われるでしょうね。しかし、正直に言って、私はそんなものを受けたことはありません。イングランド王立外科医師会が、手術の結果や内容における人的要因の重要性を認めるようになったのは、ごく最近のことなのです。

たしかに、〈頭の中のサル〉を手なずけるのは容易ではありません。人間には、生存の確保が遺伝子に組み込まれています。つまり、サルはいつもいるわけです。大きいサルもいれば、小さいサルもいますし、うるさいサルも、おとなしいサルもいますが、誰の肩の上にもサルは座っていて、ぺちゃくちゃしゃべり続け、人の動き、思考、行動を、そのつど論評します。でも、サルがそこにいるのは、人がやりすぎて、みずからを傷つけたりしないようにするためです。人が集中して最高のパフォーマンスを行えるよう、〈頭の中のサル〉は、人がその瞬間にやりとげようとしていることとシンクロしなくてはならないのです。また、必要になったらすぐ呼べるように、どこか安全な近場で待機していなくてはなりません。

今では、いい結果が出たら私にお祝いのことばを言うよう、サルを手なずけることもできました。ドンのおかげです。まったく、サルのやつときたら、ときどきドンのアクセントで話しかけてくることさえあるんです！　それって、かなりうまくいったという証拠ではありませんか？

ツール 6

ブレーキをそっと踏む

人生をもっとコントロールするには

自分の人生はまるで高速道路の追い越し車線を走っているみたいで、走行車線に戻ろうとしても戻れない——そんなふうに感じることがありませんか？　何かに圧倒されたり、あせったり、手に負えなくなったりといった気持ちになった経験はありますか？　最近は、人の暮らしがとてもあわただしくなっています。しかも現代には、インターネットに、SNSに、テレビに、仕事で求められるあれこれにと、テンポを容赦なく加速させるアクセルが、ごまんとあるのです。

スピードは、もはや一種の生活様式になっています。ブロードバンドをもっと速く、デリバリーをもっと速く、食事はファストフードに、ファッションはファストファッションに、車はもっと速く、交際相手はマッチングアプリで……。確かにこの数年で、私の生活のペースも、かなり速くなったような感じがします。数週間や数か月が飛ぶように過ぎていき、そのうち数年が経ち、数年と思っていたら、いつのまにか数十年になっています。ときどき、機関手もいない暴走列車の乗客になった気がします。確かに時間は飛ぶように過ぎていきます。もっと言えば、私の墓石にはラテン語で「光陰矢の如し（tempus fugit）」と彫ってもらいたいくらいです。これ以上、ぴったりなことばもなさそうですから……。

たしかに、そうした生き方もエキサイティングではあるかもしれません。ただし、それは速度というエネルギーを楽しみながらうまく活かすことができて、人生が忙しくなりすぎたときに対処するツールがあるならば、の話です。逆に、そうした容赦ない切迫感に圧倒され、いつも追いかけられていたら、自分の人生をコントロールできていないという、みじめな気持ちになるだけです。そして、いやおうなく不安はつのります。

ここで考えなくてはならないのは、時代背景です。もちろん、多少の差はあるにせよ、どんな時代でも、生きていればストレスはたまります。ただ、第2次世界大戦の時代には、対処しなくてはならない不安の種が、ごまんとあったはずです。あの時代を生きた人たちが、インスタグラムのフォロワーを減らした人が「ダメなやつ」と呼ばれているのを耳にしたら、面食らうかもしれません。とはいえ、現代には現代の問題があります。つまり、昔よりも多くの面で、まちがいなくスピードが上がっていることです。そして、人の注目を惹こうとして競っているものが、とにかくあまりにも多い――そう感じます。

現代の暮らしは100年まえと較べて、いえ、50年まえと較べても、エンジン全開で突っ走っている状態なのかもしれません。ところが、人間の脳はそれに順応できていません。そこに、むずかしさの一端があるのです。求められるスピードの高まりに対応しようにも、人間の脳が物理的な進化を遂げるだけの充分な時間がありませんでした。そもそも、現在の生活のこの速さに、人間の脳は対処できるのでしょうか？　私たちの脳は、こんなに速く動けるようにデザインされているのでしょうか？

　答えはイエスです。自分自身をきたえれば、現代の生活の忙しさにも対処できます。脳はとんでもなくすぐれた装置なのです。レーシングドライバーが、どのように脳をきたえているかを見てください。彼らは2時間続くレースでコースを1周するたび、すさまじいスピードで飛びこんでくる膨大な情報を処理しています。もちろん、ドライバーがそこまでの能力を身につけるには、何年もトレーニングしなくてはなりません。でも、耳寄りな話があります。皆さんも脳を訓練すれば、情報をすばやく受けとれるようになれるのです。しかも、そのノウハウを身につけるのに、何年もかかるわけではありません！

　まず、思い出していただきたいのは、単純な、しかしとても重要な事実です。コントロールしているのは**あなた**なのです。それは、**あなたが頭脳**だからです。体は、頭脳に言われるがままに動くだけです。脳の活動速度をコントロールする能力が、あなたにはあるのです。この点をもっと詳しくお話しするために、とても単純な例え話をしたいと思います。脳を車のエンジンに例えてみましょう。実際には、人の脳はどんなエンジンよりもはるかに洗練されており、かしこく、速く、頼りになります。でも、両者の類似点を見ていけば、速くなった生活のペースにどう対処したらいいかという点に、わかりやすく焦点を当てられます。

　車のエンジンもそうですが、人の脳も、アクセルを強く踏みっぱなしにしたまま、あまりにも長いあいだスピードを落とさず走っていると、燃料をかなり消費します。車のエンジンがオーバーフローでかからなくなるように、脳もアドレナリンが大量に分泌されてしまいます。そうなると、落ち着きを保ち、不安にならずにいるのは、とてもむずかしくなります。スピードをかなり出したまま走り続けたら、自分の中のエンジンはきっとダメになるでしょう。いくつかのパーツがオーバーヒートを起こしたり、燃料ぎれになったりするかもしれません。その結果、完全に故障してしまうかもしれません。

車のエンジンについても言えることですが、すばらしい装備である脳も、やさしく気遣って扱わなければ、深刻な事態につながりかねません。人は、車を車検や修理に出します。それなのに、どうして自分の脳の面倒は見ないのでしょうか。現代社会では、「健康への配慮」がよく話題になります。エクササイズ教室とか、体にいい食生活とか、デトックスとか……。ところが、脳のケアとなると、どうやら優先順位は、かなり下に来てしまうようです。

もうしばらく脳をエンジンに例えさせていただけるなら、メンタルヘルスを改善し、良好な状態を維持するのに役立つ例え話があります。神経科学者たちによると、脳には基本的に4段階の「速度(1秒あたりの回転数)」があるそうです。それぞれ、デルタ、シータ、アルファ、ベータと呼ばれ、単位はヘルツです。この場合、ヘルツで表示される数字は1秒あたりの回転数です。つまり、ヘルツの数値が低いほど、脳の活動も遅いことになります。私なりに例えるなら、人の脳には事実上、4速の変速装置《ギアボックス》があるということです。

1速：デルタ＝1～4ヘルツ
2速：シータ＝4～8ヘルツ
3速：アルファ＝8～14ヘルツ
4速：ベータ＝14～40ヘルツ

バランスがとれた健康な脳が効率よく機能するには、すべてのギアが切れ目なく働かなくてはなりません。例をあげてみます。

- 集中するには、脳を4速（ベータ）にいれなくてはなりません。
- リラクゼーションや瞑想をしたり、気持ちを落ち着かせたりしたいときは、3速（アルファ）を選択します。
- 夢を伴う眠りや、深いリラクゼーションには、2速（シータ）です。
- 夢を伴わない深い眠りには、1速（デルタ）です。

平均的な日であれば、人は昼も夜も、ギアをひっきりなしに変えています。今、どのギアにはいっているかに意識を向けもしません。言いかえるなら、人のギアボックスは「自動運転《オートマ》モード」になっているのです。すべてが順調ならば、何も問題はありません。ところが、生活があまりにあわただしく、込み入っていたために、脳がどういうわけか、まずいタイミングで、不適切なギアにいれてしまうと、そこには問題が待っています。必要以上に高いギアにずっといれっぱなしでいると、副作用として、ストレスがたまったり、うつ病を発症したり、不安が増したり、睡眠の質が下がったりしがちになるのです。

運転中にスピードが出過ぎた車を減速させるには――ブレーキをかけるにしろ、かけないにしろ――ギアを例えば4速から3速にシフトダウンするというやり方があります。このシフトチェンジは手動で、かなりすばやく行わなくてはなりません。回転数が上がりすぎた脳にも、まさに同じ原理があてはまります。でも、どうやったら脳のギアを手動でシフトダウンして、テンポを抑えられるのでしょうか?

それには、〈ブレーキをそっと踏む〉というツールを使います。

いったい、どういう意味でしょう? それを説明するために、人びとがあわただしい生活を送っている実例をあげてみます。例えば、なんの理由もなく急いで車を運転する、次に控えている用事のためにあわてて食事をすませる、常に早口でしゃべる、人に話しかけておきながら相手の答えはろくに聞かない、いつも駆けずりまわっていて、子どもと過ごしたり自分自身の面倒を見たりといった、本当に楽しむべき時間が脇に押しやられてしまう、といったことです。私たちの社会の「より大きなもの、よりすぐれているもの、より速いもの」を常に追い求める姿勢が、こうした速いペースを保つ存在でいようとする感覚を、ますます激化させているのです。しかし、スピードを落とし、ときには立ちどまって、自分がすでに手にしているものをありがたく思うほうが、ずっと満足できる場合が多いはずです。

人は往々にして、特定の生き方が習慣になってしまいます。極端な場合には依存症にさえなります。ギャンブル依存症や、アルコール依存症や、薬物依存症などは実際、深刻な問題です。では、人は今、そうした依存症以上に〈思考依存症〉になっていないでしょうか？〈サルのおしゃべり依存症〉とか？なぜ、「そうなったらどうしよう」といった心配ばかりして暮らしている人が、あまりにも多いのでしょうか？

残念ながら、サルは今という瞬間にじっととどまるのが苦手です。ということは、現代の暮らしのペースからすると、うっかりしたら、私たちはいつ何時《なんどき》、サルの手によって過去に、あるいは未来に、誘い込まれてしまうかもしれません。でも、「ここという場所」にいなければ、そして「今という瞬間」にいなければ、その人は、本当に生きているとは言えないのです。人生に対して、耐えているだけで、楽しんではいないからです。皆さんにも思い当たることがありませんか？自分ではしているつもりでも、本当の意味ではやっていないことが。とりわけ、本来なら心から打ちこんで楽しむべきなのに、そうしていないことが。

私は、飼い犬のラブラドル・レトリーバー、〝ペニー〟を連れて散歩するのが大好きです。美しい景色に囲まれた運河沿いの道を歩くのです。ですが、じつは本当の意味で、散歩をしているとは言えません。ふと気づくと、私は考え事をしています。すると、サルがべらべらとしゃべりだし、散歩を楽しんでいた私の気をそらして、「早くあのメールを送れよ」とか、「自動車税の支払い期限が過ぎていないか確認しろよ」などと言ってきます。おかげで何度も、意識を散歩に戻さなくてはなりません。そのためには、まず五感のレベルを上げます。足が道の砂利を踏みしめるのを感じ、その音を聞き、木々がそよ風に静かに揺れるのを見て、その音を聞き、温かい空気が肌に触れるのを感じ、愛犬が食べものを探して草や茂みの中を引っかき回すのをながめ、音もなくすごい速さで私のそばを通り過ぎようとする、派手なウェアを着たサイクリストをよけます!

一方で、残念なことに、いつも考え事に没頭し、あわただしい生活を送っていて——しかもそれを自覚せずに——人生を駆けぬけてしまう人も、中にはいます。悲しいことですが、そういう人たちは、自分の人生を本当に生きているとは言えません。

ストレスや不安を感じているときは、いつもよりも急いで行動しがちです。歩くのも話すのも速くなってしまいます。この点を意識せず、過剰なスピードを人からチェックされないままでいると、そのうち、スピードを出し過ぎたままコーナーに突入するレーシングドライバーのようになってしまうかもしれません。路面とタイヤのあいだの静止摩擦力を失って、コースをはずれてしまうのです。元F1ドライバーで、今は解説者を務めるマーティン・ブランドルだったら、「自分の事故現場となる地点に、頭からまっすぐ突っ込んでいく」と言うところでしょう。この場合、急ブレーキをかけるだけでは、大事故はまぬがれません。ドライバーの体と車にとてつもない力がかかり、コントロールを保てないまま、かなり高い確率で悲惨な事故が起こってしまいます。

そうならないためには、すぐれたドライバーなら誰もが速度が出過ぎていると気づいた時点で行う、ノウハウを習得しなければなりません。**ブレーキをそっと踏む**のです。レースの世界だったら〈タイヤを柔らかくそっと路面にこすらせて〉減速させます。急停止ではなく、がくんと揺れながら減速するのでもなく、そっとブレーキを踏むのです。そうすることで、車の速度はもっと扱いやすく、適切で、そして――ここがいちばん肝心なところですが――**コントロールできるところまで**下がります。人の思考にしても、減速は可能です。あなたの〈サルのおしゃべり〉に対して〈そっとブレーキを踏めば〉いいのです。

まずは、自分の人生を正直に、じっくり見つめてみましょう。私たち人間は、人生のさまざまな物事を必要以上に複雑にしてしまうきらいがあります。それでは火に油を注ぐようなもので、貴重な脳のリソースを無駄にしてしまいます。速度を落としてブレーキをそっと踏む――そのための効率的な手段のひとつが、人生をできるだけ**シンプルに**することです。

あなたはあまりにも多くのことを引きうけていませんか？　いつも人を喜ばせようとしていませんか？　なかなか「ノー」と言えない性格ではありませんか？

自分からやると宣言したのに、それが楽しみではなく重荷になってしまい、それでも人を失望させるのが怖くて続けている――そういったものがありませんか？

あなたの日々の暮らしやルーティンを細かいところまで知っているのは、あなただけです。とはいえ、本当は**しなくてもいい**のに、していることがありませんか？　一度じっくり自分自身と向きあってみてはどうでしょう。自分と正直に向きあい、そして――ここが大切なところですが――**思いやりを持って**接するのです。

あなたが見きわめ、少しずつ減らしていけるのは、なにも日々の暮らしの、こまごましたことばかりではありません。脳内で起こっていることもシンプルにできます。神経科学者たちは「決断疲れ」という概念を思いつきました。どうやら人は、1日に3万回以上も意思決定をしているらしいのです。起きたら何を着るかを決め、寝るときは何を脱ぐかを決め、そのあいだの時間帯にも、ありとあらゆることを決定します。毒舌で知られるイギリスの音楽プロデューサー、サイモン・コーウェルはいつも同じ白いシャツを着ているようですが、それもこのような理由からでしょうか？

冗談はさておき、こうした意思決定には〈脳力〉が費やされます。脳力の消費量には限りがあるので、いつかは干上がってしまいます。ジムで運動していて筋肉を使いすぎたときと同じで、脳力もパワーを失います。一日中、あなたのために何千もの決定をしていたら、脳もへとへとになり、機能不全を起こして、衝動的に意思決定をしてしまうかもしれません。どういう結果になるかをあまり検討せず、考慮もせずに、気まぐれに動いてしまうかもしれません。あるいは、ただ機能が止まってしまい、まったく意思決定をしなくなるかもしれません。おそらく、そのせいでしょう。長く大変な一日の仕事が終わったあと、妻のジェーンから夕食に何が食べたいかと聞かれると、私はよく「なんでもいいよ、君にまかせる」と答えてしまいます。同じく、あまりに多くの質問をされて疲れた脳は、誤った決定をしてしまいがちなのです。

自分の人生にやりすぎている部分があると気づけば、日々の意思決定の量を減らしていけるはずです。それができれば、脳は休まります。きわめて直接的な相関関係なのです。人生がシンプルになれば、脳への要求も減るのです。

近年、いわゆる〈マインドフルネス〉が人気を博している背景にも、人生をもっとシンプルにする、という考えがあります。ただ、白状しますと、私には〈マインド〉〈フル〉〈ネス〉ということばが、よくわかりません。私だったら、心をいっぱい《フル》にするより空っぽ《エンプティ》にする手段を選びます！　とはいえ、それに代わることばが思いつかないので、それで行くしかありません（〈マインド・エンプティ・ネス〉では、今ひとつですよね？）。肝心な点は、〈マインドフルネス〉は――というか、瞑想はどのような形のものであっても――〈ブレーキをそっと踏んで〉、〈サルのおしゃべり〉を落ち着かせる、すぐれた手段だということです。そこに〈禅の呼吸〉が加われば、さらにすぐれたものになります。

物事を落ち着かせるもうひとつの方法は、自分を訓練して、子どものようになることです。子どもの目で人生を見たら、なんでもシンプルにできます。というのも、私たち大人は、必要以上に物事を複雑にしてしまいがちなのです。子どもたちは、今という瞬間にじっととどまるのが上手ですよね？どうやら子どもは、必要かどうかを直感で判断して、不要なら、片づけるか無視しているみたいです。つまり、子どもはどんなときでも、自分に大切なものが何か、わかるのです。ですから、自分の

〈内なる子ども〉を解き放ちましょう！　いつもシンプルに考え、脳力の無駄づかいをしないことです。そうすれば、シンプルであることは「やりすぎ」と「やらなさすぎ」のあいだにある、まぎれもなく最適な匙加減《さじかげん》だとわかります。シンプルさには、本当の力と美しさがあります。私はシンプルなことが大好きです！

また、自分の日々の動きの激しさに気づくことも、〈ブレーキをそっと踏む〉のを助けてくれます。たまに立ちどまって、自分の動きが速すぎないかをチェックするのです。人生はなにかと忙しく、複雑ですから、いつもゆっくり進めるわけではありません。例えば、あなたがスーパーマーケットにいるとします。決められた時間までに子どもを迎えにいかなくてはならないとわかっているので、文字通り駆けずりまわっています……。これ以上、何ができるでしょうか？　あなたはもう、充分にがんばっています！

でも、自分を**落ち着かせる**ことならできます。学校での出迎えに遅れることなく、気持ちと体の動きを落ち着かせることができますし、レジの列に並んで待っているあいだ、もっとゆっくりと呼吸することもできます。最善の呼吸法ではないかもしれません。でも、一時的な解決手段としては、いいかもしれません。その場でゆっくりと呼吸をすれば、そのときの〈頭の中のサル〉の出しゃばりを抑えられます。

私自身も、かなり困難な状況を人生で経験してきましたので、それがどれほど大変かはわかります。それでも、強くお勧めします。ストレスのかかる状況でも、あらゆることを試して、**とにかく自**

分を落ち着かせてください。それで多少なりとも時間を稼げれば、そのうち、この本で触れたほかのツールを使って、もっと集中して行動できるようになります。自制心を取りもどし、自分を落ち着かせて、ゆったりと適度なスピードで動けるようになったら、お好みのツールを活用して、穏やかな、落ち着いた態度で、現状のコントロールができるはずです。

あなたが自制心を取りもどし、〈ブレーキをそっと踏む〉ためのステップを、以下にあげておきます。

❶まず、自分がどれくらい急いでいるかをチェックします。自分は今、あわてていると思いますか?

❷チェックが済んだら、していたことをそのまま続けます。でも、あわてることはありません。それほど急ぐ必要が**本当に**ありますか?

❸自分の呼吸に注意を払い、落ち着けと伝えます。呼吸はもっと深く、もっとゆっくり……。

❹できれば腰を下ろして、そのままじっとしています。わずか数分でいいので、まったく動かない状態を保ちます。必要なら、これを毎日行います。(支障がなければ)目を閉じて、〈禅の呼吸〉のスイッチをいれます。

❺思考が頭にはいってきても、そのままにします。頭から出ていっても、そのままです。

❻できれば、その日は、もうそれ以上、意思決定をしません。

〈ブレーキをそっと踏む〉ことや、結果的に〈サルのおしゃべり〉を抑えることには、ただ脳の面倒を見るよりも、はるかに大きなプラス効果があります。バランスのとれた心は、心臓を健康に保ちますし、免疫システムや、内分泌物や、消化器系を強くします。脳はこれらの、きわめて重要な身体機能すべてと密接に連携しています。それどころか、人の心臓には何百ものニューロン受容体があり、それらが脳とつながり、連絡し合っていることを神経科学者が立証しています。実際、心臓が脳に送るメッセージは、脳が送り返すメッセージよりも多いそうです。そういう理由もあって、心臓からのメッセージを正確に読みとれるよう、脳の面倒はきちんと見なくてはなりません。

同じような形で、腸などの消化器系も、あなたの脳にメッセージを送ります。逆に脳も、腸などの消化器系にメッセージを送り返します。例えば、あなたの目のまえに大好きな食べものがあると想像してみてください。早く食べたくて待ちきれませんよね！　でも突然、自分を不安にさせたり、動揺させたりする内容のテキストメッセージをスマートフォンで受けとったら、食欲はほとんど瞬時になくなってしまうでしょう。この極端な変化は、たったひとつの思考の伝達、つまり脳から胃にあてたメッセージによるものなのです……。

では、すぐに別のメッセージを受けとったらどうでしょう。その内容が「ごめんなさい、さっきのメッセージは無視してください。すべて誤った情報でした」というものだったら、不思議なことに、食欲は瞬時に復活するでしょう。それは、あなたの脳が「大丈夫だから、すぐに食べはじめて」という最新のメッセージを、あなたの胃に送ったからなのです。

〈ブレーキをそっと踏めば〉、多少の時間ができるので、ちょっと立ちどまって考えてみてください。

人を悩ませている物事の少なくとも9割は、実際にはおそらく起こらないものなのだそうです。私の友人から聞いた話ですが、その人は過去20年間、何千という問題に頭を悩ませてきました。なのに、実際にはひとつも起こらなかったそうです。あなたにも身に覚えがありませんか?

人生をシンプルにして、子どもみたいになり、人生のあらゆる面で自分自身を落ち着かせれば、きっとあとで大きな実を結びます。この章で触れたノウハウを毎日10分でも練習すれば、自分の中にぐっと落ち着きが広がり、頭がさえてくるはずです。

あわててやって、うまくいくものなんてありません……。だから〈ブレーキをそっと踏む〉のです。すると、きっと脳があなたにお礼を言うはずです。

ケーススタディ

ブレーキをそっと踏む

ロブの場合

私の経験から言うと、クリエイティブで、仕事熱心で、感受性が強くて、他人を思いやる人ほど、現在進行中の心配事を気にしすぎてしまい、往々にしてうつ病になる傾向があるようです。〈燃えつき症候群〉と呼んでもいいかもしれません。ロブは、そのカテゴリーにぴったりあてはまる人でした。おそらく今でもそうでしょう。彼もクリエイティブな人でした。しかし本人も気づかぬまま、人生のスピードが上がりすぎていました。働き過ぎの脳があまりにもエネルギーを使ったため、だんだんと疲れるようになり、とうとう、うつ病になってしまったのです。

クリエイティブな人びとは往々にしてそうですが、問題は、人生においてロブが立ちどまらないことでした。でも、まちがいなく彼は落ち着きを必要としていました。彼が理解し、実行しなくてはならなかったキーワードは「忍耐」です。うつ病に意のままに支配され、身も心も疲れはててしまったら、しばらく辛抱しろと言われても、なかなかできないものです。今すぐ「いつもの自分」に戻りたいと思うはずです。そんなロブを「いつものロブ」に戻す手助けをした際に使った、最も重要なツールは〈ブレーキをそっと踏む〉でした。それではここで、どうやって「いつものロブ」に戻ったかを、本人が話してくれます。私よりもはるかに上手に！

この文章はランチタイムの休憩中に書いています。私はフリーランスで映像系の編集者をしています。野心的なプロジェクトをふたつ引きうけていて、そのことでストレスが少したまっています。格別すごいプロジェクトというわけではありませんが。私はあるビデオプロジェクトの編集責任者を務め、私の会社がその公開を担当しました。これは一連のプロジェクトの最後の企画で、試写会と一般公開を行ったのが昨年のことでした。昔の自分にまた戻れた気がして、ときが経つにつれて自信がふくらんできました。しばらく会っていなかった友人から、変わったなと言われるほどです。

2016年の末、私は神経症にかかっていました。抗うつ剤を服用し、ベッドからも出られない日がほとんどでした。毎日泣き暮らし、それが何か月も続きました。自分の生活態度のせいで、ずっと、どん底の状態でした。食生活がひどい上に、運動もせず、酒もやめられませんでした。いくつかクリエイティブなアイディアもあったのですが、なにしろそんな精神状態でしたから実現には至りませんでした……。当時は大学を卒業したばかりで、実社会に出てみたら、重さ1トンのブロックが落ちてきたみたいに打ちのめされ――そういう人はほかにも大勢いますが――すっかりノイローゼ状態になってしまいました。何年も苦学してきたのに……。私は、人生の次のステージが見えてこない理由を理解しようとして、もがきました。

　私は人目を引くほどひどい状態だったようです。ある日、一流スポーツ選手である友人が私のことを知り、ドンと話ができるように取りはからってくれました。2016年の終わりに、ドンのセッションを受ける機会がありました。およそ2時間のセッションでした。ドンはまず私を落ち着かせると、すべてうまくいきますよと言ってくれました。彼には揺るぎない自信がありました。私には自信などありませんでしたが、ドンを信頼することにしました。セッションの中でドンは〈頭の中のサル〉という概念について教えてくれて、それから、私が置かれている状況について聞いてきました。ドンはまた、〈ブレーキをそっと踏む〉という概念についても教えてくれました。私の人生を落ち着かせてくれるツールだということでした。ドンは私に読書を勧めてくれ、さらに、かかりつけ医であるジュリアン・ウィドウソン医師の指導を受けながら、抗うつ剤の服用を少しずつ減らすことも検討してみてはどうかと提案してくれました。

　ふたりで力を合わせれば精神状態は元通りになると、本気で信じている——ドンはそう言って元気づけてくれたのです。それから、大切なことを指摘されました。忍耐力を身につけなくてはならない、というのです。神経症の状態から最高の精神状態に、ひと晩でもっていくことはできない。それには、ふたりでいっしょに目標に到達する、という信念が必要だということでした。

それからの数か月、回復への道のりは、最初は「2歩前進しては1歩後退」だったのが、やがて「5歩前進して1歩後退」になりました。一度ぶり返すと、以前なら回復するまでに数週間かかっていたのが1週間で戻るようになり、それが数日となり、やがて1日になりました。

抗うつ剤の服用は、わずか1年後の2017年末が最後となりました。そのころには、独創的な企画に着手してフルタイムで働いていました。そして、回復までの道のりをむしろ楽しんでいました。流れに身をまかせ、人生をあまり深刻にとらえないようにしました。その一方で、すでに着手していた企画は、すべて完成させました。活力も戻ってきました。成長はその翌年も続きました。今では、静かな自信とやる気に満ちています。

ドンはセラピストでも、カウンセラーでもありませんが、彼のメソッドと助言から、心をリセットする力をもらいました。コントロールしているのは自分であり、〈頭の中のサル〉は自分自身でなんとかできるということを学びました。私は絶望的な状態から回復し、「なんとか生きのびる」という段階を経て、「もっと成長していく」段階に進めました。人生のコントロールを取りもどせたわけです。ドンが力を与えてくれたおかげで、自分の心をきたえ直し、回復に向けた舵《かじ》取りができました。事態を打開する上で大きな役割を果たしてくれたのが、〈ブレーキをそっと踏む〉というツールでした。

ひとりの人間として伸ばしていきたいところは、まだまだあります。うまくいかない日もあります。でも、なんとか乗りきって、人生をあるがままに受け入れています。イライラしたり、物事を先延ばしにしたり、落ち込んだりするときもありますが、これまで築きあげてきた、しっかりした前向きな習慣がうまく循環してくれて、後ろ向きな瞬間は徐々に少なくなってきています。ドンと出会ったころは、本当にひどい状態だったんです。彼にはいろいろな面で助けてもらい、人生における究極の「成功」を達成できました。ようやく、「私は大丈夫です、ありがとう」と言えるようになりました。本当です。

ツール 7

ニューロビクス

脳力をもっと高めるためには

毎年、1月1日になると、たくさんの人が新年の決意をします。かなり意欲的なものもあれば、それほどではないものもあります。酒量を減らしたいとか、出費を削りたいとか、外国語を学びたいとか、そろそろ運転免許の試験に受かりたいとか、欠かさずウォーキングをしたいとか……。

ありふれた決意なら、ごまんとあります。でも、最も人気のある「自分への決意」をひとつだけ選ぶとすれば、おそらく「体をきたえること」でしょう。スポーツジムの新規会員数は、毎年1月になるといつも急増しますが、2月になると決まって先細りし、春の到来まえに、たくさんの人が退会してしまいます。ここで私が強調したいのは、世間の注目が、体と、体のフィットネスにばかり集まっている点です。というのも、新年の第1週に、今年の決意として「もっと脳を調子よくしたい！」と宣言する人が、皆さんの知り合いにどれだけいますか？　賭けてもいいですが、それほど多くはないはずです！

近ごろ、私たちは体をきたえすぎています。逆にメンタル面はきたえなさすぎです。現代社会は体むことなく訴えています。幸せで、健康でいるためには、体の手入れをしなくてはいけないのだと。もちろん、体の調子を整えるのが大切なのは確かです。でも、良好なメンタルの状態で体の健康を補えなければ、どれほど見事に腹筋が割れていても、どれほど遠くまで走れても、他のあらゆる問題を抱えこんでしまうかもしれません。脳がうまく機能しなければ、体はどうやっても最高の状態にはなれないからです。もちろん健康も維持できません。それが、まぎれもない事実です。

「脳は、少なくとも体と同じくらい大切だ」ということには誰も異議を唱えないのだとしたら、どうして体をきたえるエクササイズや、健康的な食事や、身体的なライフスタイルに関わる選択の重要性についてはよく耳にするのに、精神面のエクササイズや脳トレについては、あまり聞こえてこないのでしょう? 公平を期すために言っておくと、たしかに、この数年のあいだに、メンタルヘルスに関する議論はかなり活発になっています。それでも、相変わらず、脳よりも体のほうが重視されているような気がしてならないのです。

人生と同じで、スポーツにおいても、自分が最高の状態にあると感じ、実際にそうであるためには、心と体の健全なバランスを追求するべきだとされています。私たちはもっと積極的に、自分の脳の面倒を見るべきなのです。そうすることで初めて、人が年齢を重ねても、脳が体の面倒を見てくれるのです。現代科学の進歩、さらには老化プロセスへの理解が深まったおかげで、人はみな昔よりも長生きできるようになりました。疾病がはびこり、過酷な生活環境がまだ広く残る地域は明らかに例外だとしても、世界保健機関（WHO）によると、2000年から2016年までだけで、平均寿命は世界平均で5・5年も伸びたそうです。

現在、社会の中で、体のエクササイズばかりが重視され、精神面のエクササイズとのバランスがとれていない一因は、身体トレーニングのほうがすぐに効果が現れるし、結果がわかりやすいからでしょう。筋肉がついたとか、体重が減ったとか、脳内を駆けめぐるエンドルフィンのおかげで心身爽快になった、といったように。

残念ながら、私たちの脳は頭蓋骨に生涯守られ、その内側にずっと隠れているので（そう願いたいものです）、メンタルヘルスが向上したかどうか、その効果を手で触れるように見たり感じたりするのは、かなりむずかしいです。脳は人の視界から隠れています。ですから、悪い箇所があっても、そう簡単には見えませんし、逆に向上しても気づきにくいのです。

しかし、脳を健康に保つ人のほうが、長くて幸せな人生を送る傾向にあるというのは、医学的な事実です。もちろん、余命がこれほど伸びたことに伴い、老化に関係する問題は数多く生じています。こちらも、明らかなものとしては身体的な問題（可動性の低下や、疾患や、不健康など）が多いですが、それに加えて、高齢者のメンタルヘルスの問題が増加し、それが世界中の医療機関にとってかなりの負担となっているのです。最も明らかなものとしては、残念なことですが、アルツハイマー型認知症（私の母の命を奪った恐ろしい病気です）など、脳の病気の犠牲になる人が増えていることです。こうした傾向は、当面続くことが確実視されています。

ですから、脳の健康は体の健康と同じぐらい重要であると、すでに実証されているわけです。では、頭の中で起こっていることを、どうやって向上させればいいのでしょう？　神経学者が脳を筋肉になぞらえ、いつもきたえていなければ衰えるぞと警告を発しているのを、皆さんも聞いたことがあるはずです。要するに、「使わなければダメになる」というわけです。このアドバイス自体は信頼できますが、そのあとに続くアドバイスといったら、たいていは、なぞなぞや、クロスワードパズルや、ジグソーパズルを解いてみなさいといった程度のものです。急いで付けくわえておくと、もちろん、こうしたパズルは、ためになるものばかりです。たしかに脳を刺激してくれます。でも、私たちは**もっと**先にまで行けるはずです。

実際、脳を絶好調にしておくためにできることは、まだまだたくさんあります。それどころか、新しいノウハウによって将来、アルツハイマー型を含む認知症や、そのほかの脳の病気を、どうやら一時的に——場合によっては完全に——防げるかもしれないということがわかり、世界中で多くの科学者が興奮しているほどです。

では、毎日パズルを解いたり、クロスワードの単語検索をしたりする以外に、どうやって脳をきたえたらいいのでしょう？　エアロビクスだったら、皆さんもきっと目にしたり、話を聞いたりしたことがありますよね？　なんなら、やってみたこともあるのでは？　ここで私がご紹介したいのは〈ニューロビクス〉、つまり**脳をきたえて脳のフィットネスを向上させようという、神経のエアロビクス**です。

〈ニューロビクス〉ということばは、もともと、アメリカ人神経生物学者のローレンス・C・カッツとマニング・ルービンが編みだしたとされています。ふたりは脳トレーニングの草分けですが、『脳を活性化させる65の魔法の習慣――ニューロビクス＝新・頭の体操』（飛鳥新社）という、すばらしい本の共著者でもあります。彼らの研究が世に出るまで、人の脳細胞の総数には「上限がある」――言いかえると、人が生まれたときの脳細胞の数は、その後、増えることはない――と考えられていました。ところが、カッツとルービンの研究によって、脳も、体のほかの部位と同じように**新しい細胞**を作りだすことができ、それがやがて、脳の機能の一部となることがわかったのです。

〈ニューロビクス〉が何をするかと言うと、基本的には、脳が自然に成長していく能力――科学用語で言うなら、神経栄養因子《ニューロトロフィン》（「脳の食料」としても知られています！）を生み出す能力――を刺激します。神経栄養因子は血流の中にあるタンパク質で、脳細胞を生かし、さらに――おそらくこちらのほうが重要でしょう――成長させる能力があります。脳細胞が活発になるほど、より多くの神経栄養因子が生まれます。〈ニューロビクス〉は、これらの物質を大量に作りだすようにデザインされており、それを目標としています。

脳の機能低下という問題は、現代の生活において人が脳の能力を昔ほど**使わなくなってきた**ことに、その一因があります。人は、穴居生活の時代から大きく進歩しています。しかし、あの時代ほどうまくできなくなったことも、中にはあるのです。

例えば、今はそれほど五感を使いません。こんにち私たちは、主として聴覚と視覚を頼りにして生活していると言われてます。私たちの体験の多くが視覚的なものだから、というのがその理由のようです。現代は生活のペースが速くなっています。そして、五感の中でも視覚と聴覚は、ほかの3つよりもずっと迅速に、いま何が起こっているかを人に伝えます。どのような反応、どのような決定が最適かという判断についても、人を助けてくれます。触覚や、味覚や、嗅覚を使う機会は（視覚や聴覚のそれと比較すると）かなり少なくなっています。中でも嗅覚は、かつては生きのこるために不可欠でした。嗅覚の能力は人をかなり助けたにちがいありません。サーベルタイガー（訳注：約1万年まえに絶滅したネコ科の食肉獣）が近づいてきたら、視界にはいるまえに、においで気づけたでしょう。ある一定の香りがする食物には毒が含まれているかもしれないという気づきも、やはり人を助けました。においを嗅ぐ能力は、もしかすると正当に評価されていないのかもしれません。とりわけ、嗅覚は今なお人間を大昔の記憶――中でも感情と連動する記憶――に結びつける最大の「刺激」だという神経科学者の発言を読むと、そう思います。私の場合は、ある香水のにおいがすると――〈インティメイト〉という香水だったはずです――昔つき合っていたガールフレンドの記憶がよみがえります。クリスティーンという名前でした。やあ、元気かい、クリスティーン！

〈ニューロビクス〉は、あなたの背中を押して**五感すべて**を、これまでとはまったくちがう、斬新な形で使うように仕向けます。〈ニューロビクス〉には脳のパフォーマンスを向上させるプラス効果があります。わかりやすいことばで言うと、五感をすべて使うことで、これまであまり使っていなかった脳の経路が活性化して、多くの場合、たちまち精神力が高まるのです。例えるなら、テレビのリモコンを脳に向けてスイッチを押すと、赤いランプ（待機モード）が緑のランプ（電源オン！）に切り替わるようなものです。

当然のことながら、人には防げない老化現象も中にはあります。ただし、神経科学によると、記憶障害はどうやらそれには含まれないようです。そして、思考だけでなく、記憶の機能も向上させる新しいニューロンを作りだすのも可能だということです。そこで〈ニューロビクス〉の登場となるわけです。〈ニューロビクス〉は、触覚、嗅覚、味覚という、さまざまな感覚を意図的に関わらせることにより、あなたの脳を瞬時に、より活発に、よりパワフルに、より効率的にするのです。

〈ニューロビクス〉のプラス効果を楽しむには、もう遅すぎるなどということは決してありません。脳の可塑性《かそせい》――神経科学者がよく使うことばで、いつでも変化できる脳の能力のことです――については、多くのことがわかっているからです。この可塑性があらゆる脳トレの根本であり、核心であると言っていいかもしれません。そうしたトレーニングによって脳は健康に保たれ、私たちは新たなスキルや行動や言語を、晩年になっても、さらにそのあとにも、学んでいけるのです。

では、ここで話している〈ニューロビクス〉とは、いったいどんなものでしょう？ まず、わかっていただきたいのですが、脳のトレーニングは、すべて頭の中のジムで行います。ですから、会費はかかりません。汗だくで筋トレをしてあなたを威圧する、我がもの顔のマッチョもいません。すべてを頭の中で行えます。自宅のリビングから出る必要もありません。立ち上がることさえ不要です。脳トレ用のジムは、あなたのまわりのどこにでもあります。今すぐ、目のまえに現れます。

もちろん、専属のパーソナルトレーナーも必要ありません。でも、〈ニューロビクス〉とは何か、それがどのように脳の健康状態や能力を変えていくのかについては、私に説明をさせてください（それがこの本の目的ですので）。まずは、どうしてクロスワードパズルや、ジグソーパズルや、数独《すうどく》では足りないのかを、じっくり見ていきます。そうすれば、〈ニューロビクス〉の効果を存分に味わえるはずです。

こんなふうにしてください。まえの晩に衣服をきちんと広げておき、朝、起きたら、目を閉じたまま服を着るのです。目を開けてはダメです。衣服を——服のボタンやファスナーも、ソックスも——手探りで身につけます。こうすることで、視覚以外の感覚すべてを「身じたくをする」プロセスに関わらせるわけです。自分がふだんよりも身じたくに没頭していることに、あなたは驚くはずです。衣服の生地の感触も感じられるでしょう。もしかしたら、ファスナーの冷たさやソックスの柔らかさまで感じられ、腕時計のバンドの留め金をかちっと留めるときには、その音が聞こえるかもしれません。

この、目を閉じたまま行う〈ニューロビクス〉は、シャワーや食事といった毎日のルーティンの最中でも行えます。そればかりでなく、目隠しをしたまま食事をすると、おまけのプラス効果がありです。食事の量を減らしながら、脳力を高めることができるのです。「食事の量が減る」と言っても、それは口に運んだ食べものを、おおかたテーブルにこぼしてしまうからではありません。必要なぶんだけ食べたら、ほぼまちがいなく、脳はそこで食事をやめるからです。

もうしばらく触覚の話を続けます。次は、利き手ではないほうの手で歯をみがいてみましょう。今度はその手で、顔のひげや脚のムダ毛を剃ってみます（ただし危険なので、カミソリではなく、電気シェーバーを使っている場合だけにしてください！）。それ以外では、利き手ではないほうの手で、スマートフォンからメールを送ったり、パソコンのマウスを使ってみたりしてはどうでしょう？　この、左右の手を使う〈ニューロビクス〉のうち、私が気に入っているのは、利き手ではないほうの手で文字を書くことです。すべての〈ニューロビクス〉の中でも、最難関かもしれません。ただし、効果もおそらく最大です。それは、利き手で書くよりもずっと意識して（あるいは、こちらの言い方がお好みでしたら「マインドフルネスな状態で」）書いているからです。もちろん、集中力も高まっています。思いだしてください。集中力は、あらゆるメンタルスキルの王様（あるいは女王様）です。

どうして、使う手を交替させると効果的なのでしょうか？　それはよく知られているように、脳の右半分が体の左半分を、脳の左半分が体の右半分をコントロールしているからです。したがって、利き手ではないほうの手に切りかえると、それとは反対側の脳の活動が活発になり、あまり使わない脳細胞のスイッチがはいるのです。調光スイッチを使って、自宅の照明の明るさを強めるのと似ています。「新しい」脳細胞のほうが、もっと明るく輝くのです。

不思議に思えるかもしれませんが、時計や、絵画や、カレンダーや、それ以外のものでも、上下さかさまに「ひっくり返せる」ものをひっくり返すと、効果的な〈ニューロビクス〉になります。上下さかさまの状態で読むと、左脳ではなく右脳が支配して、空間認識力——自分と自分のまわりの状況の関係を認識する能力——が向上するのです。空間認識力が高まれば、歩いていても人や物にぶつからずにすみます。テーブルに置いてあるコップを倒すこともなくなります。車を運転中であれば、いつも正しい車線を走れるようになりますし、まわりの車の状況も把握できるようになります。年齢に関係なく、これは大切な、役に立つ能力です。人は絶えず、この認識能力を使っているからです。

音読もすぐれた〈ニューロビクス〉です。書いてあることばを目で見るだけでなく、音として聞くことで、右脳と左脳という異なる領域を活性化させるからです。黙読の場合は、左大脳皮質という、ひとつの領域しか活性化させません。

瞑想も〈ニューロビクス〉のメニューに加えたいところです。瞑想は、サルが住んでいる左脳のレベルを確実に下げ、与えられて当然の「休息の場」を脳に与えてくれるからです。実際、多くの神経科学者によれば、瞑想は脳にとって睡眠よりも良質な休息であり、メンタルヘルス全般にとっても効果的なのだそうです。

音楽も忘れてはいけません。音楽を聴くなら、目は（なんの支障もなければ）閉じて聴いたほうがいいでしょう。そのほうがたくさんの音、たくさんの音調のニュアンスを聴き取れますし、メロディと、より深く一体になれるからです。ここで重要なのは、そうして目を閉じて聴くと、より多くの脳細胞を活用することにもなるという点です。

こうした〈ニューロビクス〉に没頭し、ふだんから練習をしておけば、視覚と聴覚という支配的なものだけでなく、**すべての**五感を使うことになるので、脳にとっては新しい経験となります。この経験は、脳の異なる領域間の接続をさらに促します。こうして、体の筋肉をきたえるのと同じように、あなたの脳はパワーと能力を伸ばしていき、メンタルヘルスは、すこぶる元気な状態を保ちます。

脳は新しい経験が大好きです。じつは、困難に直面するのも大好きです。これまでそうやって発達してきましたし、これからもそんなふうに発達していくのです。つまり、あなたの脳を活性化させ、快適で怠惰な領域から引きずり出すのが、〈ニューロビクス〉の本質と言えます。

〈ニューロビクス〉は、私たちの古い友人である〈頭の中のサル〉をコントロールしようとするときにも役立ちます。脳がコンディションを整えて強くなれば、過度の不安や、ネガティブな思考や感情、さらにはサルの機能不全にも、ずっと楽に対処できて、あなたを、心の静けさという穏やかな海に、かなり早いうちに戻してくれます。

こうした〈ニューロビクス〉によって、皆さんは、集中力を向上させたいとか、機嫌よくありたいとか、不安やストレスを軽減したいとか、創造力を伸ばしたいとか、究極的には楽しみに満ちた長い人生を送りたいという目標をすべて手にいれ、さらにはそれ以上のことも手にできるのです。たとえあなたが私のように、〈ニューロビクス〉的には古くさい人間だとしても……。

さあ、〈ニューロビクス〉で、脳の質をぐんと高めていきましょう!

ケーススタディ
ニューロビクス

トムの場合

若い人と仕事をするのは嫌いではありません。かなり年齢の離れた人であっても、正しい心の持ち方を教えることはできますから。また、その人がある気持ちを抱いている理由を本人に理解してもらうこともできるし、その人の〈頭の中のサル〉に引きあわせることもできます。さらにそうした教えによって、本人が望んでもいない思考が本人の邪魔をしてくるのを防ぐことができます。歳を重ねていくと、そういう考えが頭の中でふくらむものなのです……ティーンエイジャーのころはとくに！

トムの父親が助けを求めて息子を私のところに連れてきたとき、この感じのいい若者となら、すんなり心を通わせられるだろうと思いました。まもなく、彼が人生に打ちこむ姿にとても感心しました。私が紹介したツール——とくに〈ニューロビクス〉——を使って、トムは自分の感情と〈頭の中のサル〉をコントロールできるようになりました。それについては、以下の体験談の中で、トムが雄弁に語っています。

トムとは今も連絡を取りあっています。3年まえに彼を助けたのはまったく無駄ではありませんでしたし、そう思えるのは大きな喜びです。トムのような人がいるから、私はこの仕事を続けているのです。よくやったぞ、トム！

僕が10歳のときでした。ある晩、突然、父親の具合が悪くなりました。1週間入院して手術を受け、やがて家に戻りましたが、回復までに3か月かかりました。治ったとはいえ、やはり僕にとっては大変な出来事で、かなりのショックでした。それでも退院後しばらくは、父の健康状態を心配する気持ちはおさまっていたんです。ところが、さらに数か月過ぎたころから、気持ちが落ち着かなくなりました。でも、そうなる原因がまるでわかりません。

学校では、見たり聞いたりしたことが引き金となって、パニック発作を起こすようになりました。例えば、ある日、もしも家族の一員が突然病気になったらどう対応したらいいかという授業を受けていたときのことです。想定する家族の病状というのが、僕の父親が経験したものとそっくりだったのです。このとき初めて、不安が自分にどれほどダメージを与えるのかを実感しました。頭がクラクラして、パニックになり、教室を出ていくしかありませんでした。でも、どこへ行ったらいいのかよくわからず、生徒サポート係のところに向かいました。とても親切にしてもらいましたが、その日は結局、そのまま帰宅することになってしまって……。それからは、何かきっかけがあると、心を閉ざすようになってしまい、パニックを抑えるのはもう無理でした。

同じようなことが別の機会にも起こりました。救急医療用のドクターヘリが、校庭の隣りの敷地に着陸したんです。見にいくと、ものすごい数の興奮した生徒たちが、その敷地に通じる校門のあたりに群がっていました。近くにいた人に、何があったのかと尋ねると、「町に住む男性が、体調がかなり悪くなって運ばれてきた」というのです。僕の父にちがいない――すぐにそう思いました。思わず床にしゃがみこみ、自分を落ち着かせようとしたのですが、そのときはすでにパニックを起こしていました。もちろん、搬送された人は父ではありません。でも、気がつくと、僕は学校を離れ、自宅に戻っていました。

やがて、授業に集中するのもむずかしくなり、学業にも影響が出ました。しょっちゅう、吐き気や頭痛がしたり、体が震えたりするのです。そういったことが頻繁に起こるようになって、出席もままならなくなり、1年で30日も病欠しました。あとでわかったのですが、学校にいないときのほうが落ち着けたのは、在宅勤務の父といっしょにいられるからです。でも、当時は本当に具合が悪かったんです。見せかけではなく。

心配した両親は、僕をドンに引きあわせることにしました。両親は友人を介して、すでにドンと会っていたのです。心の健康を改善してくれる人なんて、僕の知り合いにはいませんん。だから何がどうなるか、まったくわかりませんでした。ドンが、スマートフォンのビデオ通話アプリで話さないかと言ってきたので、話をしました。自分に何が起こったのか、パニック発作になったとき、どういう気持ちになったのか、といったことをです。

ドンは本当に親切で、主としてふたつ教えてくれました。まずは、僕の〈頭の中のサル〉

――〝コリン〟という名前に決まりました――がどんなふうに暴れるか、どうやってこういうパニック発作を引きおこすのか、どうすればコリンではなく、僕が僕自身の思考を支配できるかを教わりました。ひとたびコツをつかんだら、自分を落ち着かせる力はすぐに向上しました。また、〈ニューロビクス〉についても教わって、これで大きな変化が起きました。クリケットやテニスを利き腕ではないほうの腕でしたり、目を閉じて服を着たり、ほかにも楽しいことをしました！　最初は大変でしたが、こちらも徐々に簡単になりました。どうやら〈ニューロビクス〉がコリンの抑制に役立ったようです。

父が病に倒れて4年になります。僕の最後のパニック発作からは1年以上が過ぎました。コリンと僕は、今では良きパートナーとなり、ふたりで日々の生活のバランスをとっています。ドンに教わったことは今も練習しているし、彼とはときどき話もします。でも、あくまでも友人として。というのも、ドンのおかげで、今は自力で自分自身の脳のチューニングができますし、自分の面倒は人に頼らず、自分で見られるようになったからです。〈サルに警戒する〉と、中でも〈ニューロビクス〉が、僕の人生を変えてくれました。おかげで、心配ばかりしていた日々は、自分にはもうなんの関係もない遠い夢のように思えます。関係があるとしたら、それは、将来どんな試練が待ちうけていても自分で克服する自信がついたこと、そして、自分がどれだけ遠くまで到達できたかを思い起こさせてくれることです。

ツール 8

免疫システムを強くする

心の持ちようで体調はよくなる

ヒーローの名前をひとり、あげてみてと言われたら、真っ先に頭に浮かぶのは誰ですか？　ウィンストン・チャーチル？　ニール・アームストロング？　ミシェル・オバマ？　誰にでも好きな人はいます。でも、それぞれのお好みリストに、もうひとりの名前を付けくわえるべきだと思います。さあ、エドワード・ジェンナーに拍手を送りましょう。「えっ、誰？」そう尋ねる皆さんの声が聞こえます。

わかりました。私もよく知らないと白状したほうがよさそうです。ただ、名前は聞いたことがあります。エドワード・ジェンナー（１７４９年～１８２３年）はイギリス人の医師で、ほかにもさまざまな務めを果たしていますが、とりわけ国王ジョージ４世に仕えていたことで知られています。ただ、それよりも特筆すべきは、彼のおかげで**何百万**もの命が救われたことです。これほど多くの人命を救った人は、ジェンナー以前もジェンナー以後も、おそらくいないでしょう。それは、ジェンナーが天然痘に効くワクチンの開発に貢献したからです。18世紀のイギリスでは、国民の10～20パーセントが天然痘によって亡くなっていました。

ジェンナーの天然痘ワクチンは、のちの世代の死亡率を減らしただけではありません。1979年に、ついに世界から天然痘を根絶したのです。さらにすばらしいことに、この革新的な開発の成功によって、感染症を予防するためのワクチンの使用が世界的に広まりました。その後、こうしたワクチンによってどれだけの人命が救われたのかを把握するのが不可能なほどです。

ジェンナーの研究は19世紀から20世紀にかけて、さらに多くの科学的な大発見につながりました。こんにちの医療制度においても重要な意味を持っています。例えば、ワクチンの開発や、自己免疫疾患との戦いである免疫療法や、エボラウイルス、ヒト免疫不全ウイルス、狂犬病ウイルス、インフルエンザウイルス、そして、もちろん、コロナウイルスといった、新たに現れた病原体との戦いなどに関係しているのです（この本は2020年の春、新型コロナウイルスのパンデミックによるロックダウンの最中に執筆しています）。

「免疫学の父」として知られるジェンナーは、2002年にBBCが行った世論調査で〈歴史上最も偉大な英国人ベスト100〉のひとりに選ばれました。痛ましいことに、ジェンナーは妻を結核で亡くしています。妻の死後、何年も経ってから、ジェンナーの先駆的研究はついに結核ワクチンの開発につながりました。現在、このワクチンはあらゆる予防接種の中で、最も広く使われており、世界の子どもの90パーセント以上がこの予防接種を受けています。これだけお話しすれば、まちがいなく彼がヒーローだとわかっていただけますよね？

すべて興味深い話です。でも、どうしてマインド・マネジメントについての本の中で、ジェンナーのことをお話ししなくてはならないのでしょうか？　簡単に言えば、長年、疑問視されてはきましたが、**一定の状況下で、一定の疾病については**、〝心の持ちよう〟で体の調子がよくなるかもしれない——それが現代科学によって明らかになってきたのです。

この点についてもっと詳しく説明するには、少しだけ科学の講義をしなくてはなりません。今日の講義は免疫システムについてです。後ろの席の人、私語はやめてください！

私たちの免疫システムは、全身に広がる細胞と、臓器と、組織のネットワークであり、それらが「ワンチーム」として、私たちを感染症などから守ってくれます。いわば、体の防衛システムであり、私たちの「さまよう脳《フローティング・ブレイン》」とも呼ばれます。なぜなら、化学物質によるメッセージを通じて、人の脳に「話しかける」能力があるからです。

免疫細胞は、皮膚や、骨髄や、血流や、脾臓にも、また肺の粘膜組織の中にもあります。免疫システムといえば、肺もそうですし（咳で病原体を吐きだすための粘膜があります）、胃酸もそうです（多くの病原体を死滅させます）。それに唾液や、涙や、あと皮脂など油状の物質も忘れてはいけません。これらはすべて、感染症にかかるリスクを減らしてくれます。

免疫システムの防御の最前線では、病原体を制止し、体への侵入を食い止めます。しかし、発見をまぬがれて侵入しようとする病原体がいた場合でも、かなり効果的な次善の策があります。免疫システムの細胞の中には「揉め事を起こそうとする」私たちの体をモニタリングしているものもあれば、とにかく侵入者を駆除し、人の健康や幸福への脅威を取りのぞくものもあります。

こうした免疫細胞の中でも、とくにかしこいものは、人体が侵入者を記憶するのを助けます。侵入者が厚かましくも再度やって来る場合に備えるのです。前日、空き駐車スペースに無断で停めたドライバーが翌朝早くこっそり戻ってこられないよう、防犯カメラでナンバープレートを読みとっておくようなものです！　免疫システムのレーダーは、再び攻撃しようと戻ってきた敵のスパイを発見したら、その〝登録番号〟を確認してから、あなたに代わって〝始末〟します。水ぼうそうや、おたふく風邪などのウイルスが（ふつうは）１回しか攻撃してこないのは、そういう理由からなのです。

免疫システムがどれほどパワフルで、賢くて、適応力があるかを考えると、私は正直言って、畏怖の念に打たれ、ぞくぞくします。個人的に好きな細胞は「キラーT細胞」です。この細胞は、人それぞれが持っている軍隊の特殊空挺部隊《SAS》みたいなもので、敵を見つけたら情け容赦なく、ひとり残らず始末するよう、特殊な訓練を受けています。彼らは時間を無駄にしません。例えば、あなたが風邪をひきかけていて、ストレスのたまる時間を過ごしていたとします。そんなときに免疫システムがぐずぐずしているとしたら、それはドアを大きく開け放ち、ほかの有害な病原体にここから侵入してくれと言っているようなものです。でも、心配いりません。そういう場合は、ほかの細胞が侵入者を見つけて、〝われらがＳＡＳ〟キラーT細胞に連絡し、連絡を受けたキラーT細胞が危険性を確認したら、すみやかに抹殺してくれます。まさに「衝撃と畏怖」です！（訳注：２００３年のイラク戦争でアメリカ軍が採用した大規模空爆の作戦名）

というわけで、免疫システムは、あなたの体内にある、すぐれた自衛メカニズムと言えます。しかし、システムに負荷がかかりすぎれば、問題が発生します。問題が起こる原因は、疲労、不適切な食生活、ストレスなど、いろいろです。困るのは、そんなとき、ウイルスやそのほかのタチの悪い連中が〝歩哨〟のまえをすりぬけて、システム内にはいってくるのです。そうなったら、あなたは体調をくずします。かなり悪くなる場合もあります。免疫システムが調子をくずすと、体内の炎症が増え、あらゆる種類の病気にかかりやすくなってしまうのです。

あなたが健康で長生きするためには、明らかに免疫システムが欠かせません。では、この医学的な奇跡とも言える免疫システムを良好な状態に保つためには、どうしたらいいのでしょう？　誰でも知っていることですが、運動や、充分な栄養や、質の高い睡眠（ツール9を参照）は、抵抗力を高めてくれます。さらに困ったときには、科学の成果である、すばらしい医学的処置もたくさんあります。ワクチンなどの予防策もあります。しかし、それ以外で、私たちにできることはないのでしょうか？　私は、あると思います。

もう少しだけ、科学の話を続けて、説明していきます。ここでは、自律神経系についてお話しします。自律神経系は、呼吸や、消化や、血流や、心拍数などの体の機能を（たいていは無意識に）コントロールし、調節しています。私たちの「闘争・逃走反応」（訳注：恐怖を感じると「戦うか逃げるか」の二者択一を自分に迫る本能）をコントロールする、中心的なメカニズムでもあります。

長いあいだ、人が自分の自律神経系に影響を及ぼすのは、不可能であると考えられてきました。ところが今、必ずしもそうではないことを明確に示す研究や実験が増えています。それどころか、人は自分の自律神経系に影響を及ぼせるし、そうすべきだという医学データもあるのです。

では、それがこの本に、とりわけ、この項に、どのような関係があるのでしょう? おそらく、いちばん大きく関係しているのは、私たちの自律神経系は、みずからの免疫システムに話しかけることができるという点です。これについては、かなり説得力のある研究や根拠があって、それによると、「全神経を注いだ強烈な集中」は、私たちの免疫システムにプラスの影響を与えることができるそうです。例えば、炎症マーカーの数値は下がるといいます(この数値が高いと、免疫システムのパワーは、いちじるしく低くなります)。また、私のお気に入りの「特殊部隊」、つまりキラーT細胞にメッセージを送る細胞がさらに作られ、病原体を始末します。さらには、加齢さえ、ある程度まで止めてしまうというのです。

このあとも延々と、何百もの学術的な論文や研究を話題にして、皆さんをうんざりさせるつもりはありません。あともうひとつだけ、励まされた気持ちになれる実例をご紹介させてください。それは「心の持ちようで体調もよくなる」という考えにも、一理あるかもしれないと思わせてくれる実例です。それでは、〈アイスマン〉の登場です!

ヴィム・ホフはオランダ人の「過激なアスリート」で、少なくとも20のギネス世界記録を持っています。エベレストとキリマンジャロを、どちらも靴と短パンだけで登頂していますし、摂氏50度という暑さの中、食事も水もとらずにマラソンを完走しています! とくに有名なのは、氷に覆われた水の中を泳いで見事な新記録を打ちたてたのと、長時間、全身を氷に触れさせたまま耐えた、驚くべき能力です。だからニックネームが〈アイスマン〉なのです。

ホフは、科学的な研究の対象に――おそらくなるべくして――なりました。そのいくつかで実証されているのですが、ホフには特筆すべき能力があり、主に心拍数とアドレナリンのレベルを上げることで自分の自律神経系に影響を及ぼし、**意識的に自分の免疫システムをコントロールできる**というのです。ホフ自身によれば、彼は3つの柱を重視しているそうです。つまり、かなり低温の状況に体をさらす訓練を重ねること、特殊な呼吸テクニック、そして、全神経を注いだ強烈な集中の3つです。それらすべてを合わせた成果として、ホフは体内の有害な炎症や疾患が大幅に減り、ますます健康になり、病気にかかりづらくなったというのです。

もしも〈アイスマン〉なんてそれほどクールじゃないとおっしゃるのでしたら、アメリカのウィスコンシン大学マディソン校で心理学と精神医学の教授を務めている、リチャード・デイヴィッドソンをご紹介します。私が知るかぎり、ギネスの世界記録は持っていませんが、彼はダライ・ラマ14世のよき友人です。科学と信仰という、別の道に進んだ彼らふたりが友人というのは、興味深い組み合わせではないでしょうか。

さて、デイヴィッドソン教授によると、人が健康でいるためには、ふだんから手を洗ったり、運動をしたり、きちんと食事をとる以外にも、たくさんの方法があるそうです。研究において教授は、MRIを使って脳を詳しく調べており、最新の研究では、脳の活動と免疫システムのあいだに直接的なつながりがあることを実証しているようです。とくに、全神経を注いだ集中は、明らかに脳と免疫システムの双方にプラス効果を及ぼすとされています。そうした集中は高レベルの抗体を作り、その抗体が病気を防ぎ、撃退するのです。

あなたがまだ教室の後ろの席にいて、私の話についてきているのであれば、いよいよ、これがあなたにどんなプラス効果をもたらすかについて、お話ししたいと思います。どうぞ、席はそのままで……。

ここで鍵となるテーマはこれです。

- 「心の持ちよう」で体調はよくなるのでしょうか？
- 私たちは自分の免疫システムをコントロールしたり、調整したりできるのでしょうか？

私は、できると思っています。

本からの知識だけをもとに言っているのではありません。25年のあいだ、いっしょに仕事をしてきた何百人ものクライアントから聞いた体験談も、よりどころとしています。こうした体験談が、どのようにして脳をチューニングする〈ツール〉のメニューに行きついたのか、その経緯を少し説明させてください。

何年にもわたり、国際的に活躍する多くのスポーツマンと仕事をしていくうちに、私は気づきました。世界中を飛びまわっているうちにいろいろな病気にかかってしまうと愚痴をこぼす人が、だんだん増えてきたのです。どうやら、病気にかかる人の共通点は、長時間のフライトのようでした。中には、イベントや試合が近づいてくると、ふつうに風邪にかかってしまう人もいました。こうした体調不良がパフォーマンスに悪影響を与えがちであることから、彼らに聞かれたのです。ビタミンのサプリメントを飲んだり、スポーツジムに通ったり、かしこく食事をとったり、良質な睡眠をとること以外に、体調を保つためにできることがないだろうか、と。

そこで、あらためて私は、免疫学の分野を身を入れて学ぶことにしました。とくに、免疫システムには適応性があるのかどうかに重点をおきました。そして、この比較的新しい理論の最前線に立つ医師たちと調査や対話を何年も重ねていくうちに思いついたのです。もしかしたら私たちは、脳をチューニングして自分の免疫システムに「話しかける」ことができるのではないだろうか。話しかけることで、システムが効率的に働いているのを確認し、必要となればシステムを強く《ブースト》することができるのではないか。ひいては、免疫システムのパワーを意図的に、あるいは意識的にコントロールして、格別なケアと注意を要する体の部位に、そのパワーを向けられるのではないだろうか（そうやって私たちの健康を維持していけるのではないか）。そんなふうに考えたのです。

そこで、世間で注目を浴びている自動車レーサーや、ゴルファーや、テニスプレーヤーたちと実験を重ねました。みんな、年がら年じゅう飛行機で世界中を飛びまわり、権威あるスポーツイベントで競っている人ばかりです。

こうした経緯から〈免疫システムを強くする《ブースター》〉のアイディアを思いついたのです。

まずは、スポーツ界のスター選手たちにお願いして、彼らの体内にある免疫システムの姿を、頭の中で好きなように描いてもらいました。そして、免疫システムともっと良好な関係をはぐくんでほしいと頼みました。とりわけ、フルパワーで稼働しているときの免疫システムがどのような姿なのかを、心の目で視覚化してもらいたかったのです。フルパワー時の免疫システムはかなり強力で、人の健康に対する脅威に屈することもなく、人が健康でいられるよう、大車輪で働いてくれます。実際、私がお願いした選手たちは、自分の免疫システムを目覚めさせ、脅威に対して厳重に警戒するよう促していました。

このアイディアを私といっしょに試してみた選手たちは、大きな試合がある当日にも、このツールを試してみるようになりました。一般的には、毎日試すのが効果的なようです。さらに大切なのは、長時間のフライトのあいだやその前後に行うと、明らかにその効果が現れたことでした。

私はさらに、このツールをもっと利用しやすく、簡単にできて、効果的なものとなるように、特別版として「あなたの免疫システムに話しかける」ための音声データを録音して、彼らに提供しました。まもなく、励みになる反響が私のもとへ届くようになりました。クライアントはさまざまな経歴の持ち主で、表現の仕方はいろいろでしたが、このアイディアはきっと役に立つ、という点では一致していました。

新たに思いついたこのアイディアについて調べていくうちに気がつきました。私の父も、マインド・マネジメントと免疫システムのあいだにはつながりがあるかもしれないと考えていたにちがいありません。なぜなら、医師だった父は、クリスマスのとき以外、病気になったことがないからです。クリスマスになると自分の免疫システムが気を緩めてしまい、風邪やほかの病気につけ入る隙を与えてしまうのだと、父は信じていました。皆さんにはそんな経験がありますか？ クリスマスや、祝日や、長い休みを取ったときにかぎって、病気になったことがあるでしょう？ 父はそのうち、クリスマス休暇のあいだも「少しだけ」働くようになりました。父がそうしたのは、自分の免疫システムを騙《だま》して、「今日は休み**じゃない**、だから警戒を怠ってはいけない」と思いこませるためだった――私はそう確信しています。

さて、私が録音してクライアントに提供した〈免疫システムを強くする〉の要点は、以下の通りです。これは、ご自身に合ったやり方に変えてもらってかまいません。

❶椅子に腰かけるか、床などに横になります。
❷充分くつろいだら、できるだけそのままじっとしています。
❸〈禅の呼吸〉のスイッチをいれて、語りかけます。呼吸はゆっくり……もっとゆっくり……。
❹このとき、できれば目を閉じます。
❺さて、あなたの免疫システムを想像してみてください。免疫システムは、体じゅうに存在します。でも、司令部はどこでしょう？ 胸のあたりですか？ 心臓でしょうか？ おなかの中とか

……？　私的なことですので、自分で選んでください（私の司令部は胸の真ん中にあります）。どこにあるかを決めたら、それをはっきり視覚化しましょう。

❻ここはあなたの作戦指令室です。そこではあなたの兵士（細胞）を指揮する司令官と、高度な訓練を受けた幕僚が、常にあなたの健康状態をモニタリングし、侵入者やあなたの健康を脅かすものがやって来ないかと、レーダーで注視しています。大勢の常備軍兵士が、あなたの体を隅々まで、24時間、年中無休でパトロールしています。怪しいものに警戒し、何かを見つけたら、すぐに司令部に報告します。

❼常備軍が脅威——例えば、のどの痛みや、咳や、いずれかの箇所にできた炎症や、鼻水など——を確認したら、支援や増援を求める緊急メッセージが司令部に送られます。脅威が増すのを防ぐにはスピードが命です。

❽メッセージを受けとった司令官は、特殊部隊（ＳＡＳ）をあなたの体内の脅威が確認された場所に送りこみます。派遣されるのは、あなたの免疫システムに所属するキラーT細胞です。彼らは迅速に、侵入者にまっすぐ向かっています。司令官から受けとった指示はただひとつ、「始末しろ！」です。あなたは自分の体内で起こるとされているこの場面を——あるいはそれに近いものを——視覚化できますか？

❾その後、あと片づけを行うために、さらにほかの兵士（細胞）が配置されます。それまで不快の原因だった場所が今やすっかり片づき、清潔で健康的になっているのが確認できます。あなた

はこれを、どんなふうに視覚化するでしょう？　例えば、色で言うと？　もしかしたら、最初の炎症は赤だったのが、今や、すっかり健康的なピンクになっているかもしれません。

❿最後のステップは、すべての脅威が遠のいたところを視覚化することです。あなたの免疫システムは勝ちました。見事な働きをした細胞たちは、全員そろって勝利を祝っています！

こうしたことが自分の体内で起こっているところを想像するには、高いレベルでの集中力が必要になるかもしれません。でも、やってみたらきっと楽しいはず。慣れてくれれば、いったん頭に思いうかべたら、すぐ簡単にスイッチがはいるはずです。

このツールはできるだけ毎日練習するべきです。とりわけ、特別な行事か何かを控えていて、エンジン全開かつ絶好調でいなくてはならないときには。例えば、仕事で大切なプレゼンテーションがあるとか、そろそろ大学の入試だとか、結婚式を控えているとか、休暇中の旅行を予約していて病気になるわけにはいかない場合とか。とにかく、人生における一大イベントを控えていて、100パーセント充実した状態でいたければ、そのまえに、このツールを必ず練習しておくべきです。

私はこのツールの正しさを、とことん信じています。これを聞いたら勇気が湧くかと思いますが、私の場合、このツールを駆使することで、休むわけにはいかない大事な行事が控えていたら、ちょっとやそっとでは病気になりません。では、そうした「体調をくずすわけにはいかない」とき、私は本当に、自分の免疫システムに話しかけているのでしょうか？　本当に、指令を出して、例えば私が飛行機に足を踏みいれるときは非常態勢を取れと、自分の〝部隊〟に警告しているのでしょうか？　私は、していると思っています。大勢のクライアントからの意見に加え、こうした自分自身の経験からも言えますが、そこにはまちがいなく、何か重要なものがあるのです。

こうしたことが、まだ進化の過程にある分野であるのはわかっています。また、はっきり言っておきますが、従来の医学など忘れてしまおうと主張しているわけでは**ありません**。体の状況によっては、このツールを使ってもよくならない場合があります。世界で最も優秀な医師をもってしても、とてつもなく治りにくい病気もあります。それは明らかな事実ですし、その点は、はっきりさせておきたいと思います。**医療の専門家と病気に取りくみ、彼らのそばを離れないようにしましょう。**

私が申し上げているのは、私が考案したこの〈免疫システムを強くする〉は、お金もかからず、簡単に学べて、使いやすいツールだということです。物事を順調に進めるために、少しだけ助けがいるかもしれないと感じたら、どんなときでも頼りになってくれるのです。あなたも試してみませんか？　それで何か、失うものがありますか？

ケーススタディ

免疫システムを強くする

ヴィッキーの場合

はじめて会ったとき、明らかにヴィッキーは元気がありませんでした。もうひとつ明らかだったのは、かなり大変な時期を乗りこえようとしていたにもかかわらず、彼女のウィットや、力強さや、個性が、私に伝わってきたことです。それは、以下に掲載する彼女の体験談を読めばわかります。ヴィッキーはすばらしい人物で、私を含めた、たくさんの人にインスピレーションを与えてきました。もとの健康状態に戻ることに集中しながらも、決してユーモアと決意を忘れませんでした。ヴィッキーの道のりには、私が提供したいくつかのツールが用いられましたが、彼女にとっていちばん重要だったものは〈免疫システムを強くする〉でしょう。それはなにしろ、彼女の〈銀色の戦士〉なのですから!

全身に力がはいらず、震える脚でふらふらとバスルームにはいった私は、洗面台の冷たい縁をつかんで、咳をしました。そのとたん、鮮やかな赤い色が真っ白な磁器に飛び散り、そのコントラストにぞっとしました。救急医療隊員の姿がぼんやりバスルームに現れ、やがて何もかもわからなくなりました――。

それからの数時間、意識を失ったり、また戻ったりを繰りかえし、ぼんやりした輪郭や、物音や、混乱の中で、どうやら私は病院にいるらしいと気づきました。

目が覚めると集中治療室にいて、生命維持装置につながれていました。いくつかの臓器が機能不全を起こし、9日間、機器につながれたまま昏睡していたのです。人工呼吸器が私に代わって呼吸をしており、管が挿入されていたので、口もきけません。首をひねったり、腕をちょっと上げたりすることはできました。でも、動かせたのはそれだけで、衰弱し、痩せおとろえ、おまけに薬液でむくれた体は、あまりに重くて動かせませんでした。流動食が経鼻栄養チューブからのどを通って直接、胃に送りこまれました。腎臓の機能は透析に頼るほかなく、体につながれたリード線が、心臓の不規則な鼓動を制御していました。

複雑な自己免疫疾患が最初に現れたのはその前年でしたが、症状は急速に進行していたのです。異常なほど活発になった免疫システムが私の体の健康な組織を攻撃し、そのために筋肉はおとろえ、重要器官も衰弱していました。感染症に加え、私を生かしておくための強い薬物によって、心もダメージを受けていました。意識が少しはっきりしたときに、口の動きで、近くにいた医師に尋ねました。

「見込みはどれくらい？」

「五分五分《フィフティ・フィフティ》かな……よくてもね」と、その医師は答えました。

集中治療室にはいって2か月近くがたったころ、まだ自力で呼吸ができないのに、呼吸器専門病院に転院して、徐々に人工呼吸器をはずしていくことになりました。ところが、再び感染症にかかってしまい、さらに1週間、集中治療室にいることに。病院スタッフと周囲の環境に安心しきっていたので、いずれはここを離れるのだと思うと不安がつのりました。

やがて、徐々に自力で呼吸ができる状態に戻ってきました。6月中旬には車に乗って外出ができ、3か月ぶりに、そよ風を肌で感じました。ようやく容態が安定したので、また地元の病院に転院となりました。まだ自分で上半身を起こしたり、食事をとったり、顔を洗ったりはできませんでしたが、徐々に体力は戻ってきました。コップを持ったり、歯をみがいたりはできるようになり、5か月ぶりに、よろめきながらもなんとか歩きました。

通算で6か月間、病院にいましたが、ついに、懐かしのわが家への帰還です。体重は半減し、まるで自分ではないみたいでした。

若いころから、独立心が旺盛で、自信家で、負けん気が強く、活発で、楽しいことが好きでした。スポーツウーマンでしたし、100万ポンド単位の取引を扱うシニアマネジャーとして高く評価されてもいました。その私が、自力では立つことも、歩くことも、食事をとることも、顔を洗うこともできないのです。髪は薄くなり、肌も生気がありません。服は痩せ細った体からずり落ちてしまい、それでいて、顔と上半身は投薬のせいでむくんでいます。

ずっと病院に閉じ込められていたことも、精神的にこたえていました。それはおそらく、私の心が事の重大さを理解しようとしていたからなんです。恐ろしい夢や、耐え難い痛みや恐怖が、鮮明によみがえって私につきまといました。それまでの人生を嘆き、その不当な仕打ちに怒りを覚え、病気に束縛されることに、いらだちを覚えました。おまけに、私と似たような自己免疫疾患だった友人や同僚が亡くなったと聞き、〈自分だけが生きのこったという罪悪感《サバイバーズ・ギルト》〉が胸に重くのしかかりました。

その後も回復は遅く、スムーズにはいきませんでした。12か月後、ようやく2、3歩なら歩けるようになりました。何度か感染症にかかり、病院にまた通わなくてはなりませんでしたが、最悪の時期は過ぎたと思い、人生を取りもどせるという期待感がありました。だから少しのあいだ、顔と腕がちくちくするような、これまでにない感覚があっても、あまり気にしませんでした。なんといっても体が回復に向かっていましたから。

退院してちょうど1年目にあたるその日、右目の光が消えました。その後の検査と診察でわかったのですが、頸動脈が詰まっていて、何度か軽い脳卒中を起こしていたらしいのです。そのうちのひとつが右目の網膜中心動脈でした。おそらく右目の視力はもう戻らないだろう、そう告げられたのです。

数か月のあいだ、着実に回復し、希望を持ち、将来に目を向けていましたから、その知らせには打ちのめされました。これだけ大変な思いをしても、まだ足りないの？　激しい不安と恐怖がパニック発作となって現れ、体はまた衰弱しました。

しかしそこで幸運がめぐってきます。ドンに会ってみてはどうかと勧められたのです。

「自律神経系レベルへの介入を行う人としては最高」ということでした。ドンのことはよく知りませんでしたが、会って失うものは何もありません。だから、ＳＯＳのメールを天空に向けて放ちました。すると次の日、空から命綱が届きました。

「騎兵隊が救出に向かいます」というドンからの返事です。すべてが変わろうとしていました。

初めてふたりで話をしたあと、私はまだ希望はあると思うことにしました。

ドンに会うために4時間も車に乗り、おまけに1泊しなくてはならず、それだけでもかなり思いきった挑戦でした。安心できる病院から数百キロも離れたところまで来たのですから。でもドンに会って、すぐに彼の温かさや共感力、穏やかな積極性やユーモアに心を動かされました。ドンは私の救出プランを用意していました。最初のステップは、私が自分の免疫システムに〝会う〟ことでした。

でも、免疫システムってどんな姿をしているんだろう？　すぐに思いついたのは、暗闇に潜み、私が油断したらいつでも攻撃してやろうと待ちかまえている、黒っぽくて、不気味で、狡猾そうな人物です。するとドンが聞いてきました。じゃあ、本当はどんな免疫システムであってほしいですか？　そのとき、背が高くて、強くて、パワフルで、いつも守ってくれて、優しくて、思いやりがあって、銀色の甲冑に身を包んだ人の姿が胸に浮かびました。それが私の〈銀色の戦士〉です。

私の潜在意識に、このまったく新しい免疫システムを植えつけるために、ドンは催眠によって私を深くリラックスさせました。とても心地よく、自分が解放されるような体験でした。この瞬間から〈銀色の戦士〉が私の免疫システムになりました（今でもそうです）――やさしくてパワフルな、私の庇護者です。

ドンは〈頭の中のサル〉にも私を引きあわせてくれました。私のサルは落ち着きがなく、意固地で、気まぐれになっていました。ネガティブな、恐ろしげな考えで私を攻めたて、最後にはパニック発作を起こさせました。ただ、嬉しいニュースもあります。この〈頭の中のサル〉も、思考も、コントロールできるのです。〈銀色の戦士〉と〈頭の中のサル〉に近づく方法は、正しい呼吸法です。それもドンが教えてくれました。

ドンのところから帰るときには、すでに勇気が湧いていました。明確なプランもできていたし、目的意識もありました。最初はかなり疲れていたのですが、すぐに気づきました。重大な変化はすでに私の中で起こっていると。まもなく心にも体にも、力がみなぎる気がしました。どうにかやっていけそうだという感覚が強くなって、気持ちが軽くなりました。こうした感覚はすべて、1年以上なかったものです。

鏡に映る自分をちらっと見たら、もとのように肌に張りが出ていました。それを見たら、信じられないほど気持ちがたかぶり、さらに自信がみなぎってきたんです。私は、新しいスキルを学ぶ第一歩を踏みだしていました。そして、その学びに誠心誠意取りくむことのプラス効果を、すでに感じはじめていたのです。

とはいえ、途中で何度も暗礁に乗り上げました。例の〈頭の中のサル〉が、我慢できずに厄介な道へと戻ってしまうのです。そんなときは、またもや打ちのめされた気持ちになりました……。それでも、ドンの手引きもあり、身体的、精神的な力がついてくると、そうした絶望感はうすれ、〝新しい自分〟がしっくりくるようになってきました。車の運転も再開しました。今は人生を楽しみ、一瞬一瞬に感謝しています。

私のように慢性的な症状を抱えて生きていると、毎日浮き沈みがあり、進展と後退がありますす。私には、まだ「ジャジャーン、ついに治った！」という瞬間は訪れていません。それでも、新しくスキルを身につけたことで、自分の人生を想像していた以上にしっかりと、満足して生きられるようになったんです。今はさらに健康状態が安定し、体調もよくなっています。これほど幸せな日々は、これまでありませんでした。私の〈免疫システムである〉〈銀色の戦士〉はいつもそばにいてくれて、私を導き、励ましてくれます――もちろん、ドンの声で。

自分の新しい現実に順応して、それを受け入れようとしている私に、〈銀色の戦士〉はいつも手を差し伸べてくれます。今後、何が起ころうとも、私には乗りこえるためのツールがすべてある――それが〈銀色の戦士〉には、ちゃんとわかっているのです。ドンにはどんなに感謝しても感謝しきれません。彼と出会えた私は、信じられないくらい幸運でした。

ツール 9

ぐっすり眠る

気分は爽快、元気いっぱい そんな朝を迎えるために

睡眠は、すべての人の精神的、身体的な健康にとって、きわめて大切なものです。ぐっすり眠れないと、生活はすぐに破綻をきたしてしまいます。アメリカのエンターテイナーで、作家や俳優でもあったW・C・フィールズはかつて言いました。「不眠症にいちばん効く治療法は、よく眠ることだ」いろいろな意味で、この発言は、ずばり的を射ています。

不眠症は古くからある問題で、過去何世代にもわたり、そして今も非常に多くの人びとに影響を及ぼしています。人はあまりよく眠れないと、眠れないという事実そのものに悩みだします。そうなると、寝ているあいだは、いえ、寝室にまだはいってもいないうちから、数えきれない不安で頭はいっぱいになります。枕に頭をあずけても、何かを考えずにはいられません……その日のことや、翌日のことや、睡眠のこと……ありとあらゆることを考えます。もちろん、考えることそのものについてさえ考えます。

睡眠不足になると、毎日の気分や、意思決定能力や、エネルギーレベルが低下します。すると、ス

トレスや厄介な問題が増え、夜、ようやくベッドに横になっても、考え事はさらに増えていきます。もう、きりがありません。2、3時間眠れたら、まだましなほうです……。

夜、ぐっすり眠れないことがままあるというのは、誰でも知っているでしょう。でも、もしかしたら夜の睡眠が人の身体的、精神的な健康にとってどれほど重要かまでは、理解していないかもしれません。夜にあまり眠れないと、翌日に疲れが残り、おそらくイライラするはずです。皆さんがどうかは知りませんが、私は睡眠時間が7時間未満だと、翌日はいつも以上に気むずかしくて不機嫌な爺さんになります。集中力が低下して、蟻みたいに落ち着かなくなります。

ひと晩よく眠れないのと、何週間もよく眠れないのは、まったく別の問題です。よく眠れない夜が続いて、そうした状態が悪化すると、睡眠不足のマイナス効果が蓄積し、やがて思考能力にかなり重大な悪影響が現れます。例えば、頭が常に朦朧としたり、やたらと忘れっぽくなったり、意思決定が困難になったり、意欲がなくなったり、集中力が低下したり、気持ちが落ち込んだり、疲労やストレスがたまったり、さらには、ことばや動作がぎこちなくなったりするのです。

イギリスの国民保健サービス制度（NHS）によれば、睡眠不足が長引くと、呼吸器系の疾患や、心臓病や、糖尿病といった、かなり深刻な健康上の問題を抱える危険性があり、しかもそうした問題は、睡眠不足が解消したあとも続くそうです。NHSはまた、次のように述べています。「1日の睡眠が7時間未満の人は、7時間の睡眠がとれている人よりも体重が増える傾向にあり、肥満体になるリスクも大きい。これは、睡眠不足の人はレプチン（人に満腹感を与えるホルモン）のレベルが下がり、グレリン（食欲刺激ホルモン）のレベルが上がるからだと考えられている」

データによると、不安感が増したり、うつ病にかかったりするリスクも高まるようです。平均寿命さえ短くなる場合があります。また、睡眠不足によって免疫システムも低下することが立証されています。いつも咳がでたり、すぐに風邪をひいたりするようであれば、睡眠不足がその一因かもしれません。

この問題がややこしいのは、私たちが、人生のおよそ3分の1の時間を眠って過ごすからです。この数字には、いまだに驚かされます。もしこれが本当なら、私はこれまでに23年分、眠っていたことになるわけですから……。私が知るかぎり、1日4時間しか眠らずに生きていけるのは、ウィンストン・チャーチルと、マーガレット・サッチャーと、馬と、象だけです。馬と象については、それはそれで仕方ありません。翌日も、やることはたいしてないでしょうから。でも、〝ウィニー〟と〝マギー〟は戦争に勝ち、選挙に勝ち、来る日も来る日もきわめて重要な決断を下さなくてはなりませんでした。

どうしてそんな離れわざができたのか、私にはまるでわかりません。もし彼らが睡眠時間のノルマを2倍に増やしていたら、世の中はもっとよくなっていたかもしれないし、戦争は別の展開をしていたかもしれない――そう思わずにはいられません！

まあ冗談はさておき、「人生の3分の1は睡眠」という統計からすると、ぐっすり眠れない人は、人生のかなりの部分が自分の思い通りにはいかないことになります。

この〈ぐっすり眠る〉というツールの話をはじめるにあたり、まずはご安心ください。理想的な睡眠の習慣が身についていないとしても、それはあなただけではありません。睡眠が充分にとれていない人がますます増えているのは、世界中の調査や研究が示すところです。

ちゃんとした研究だけで何千とあり、学術的な研究もあれば、それほど学術的ではないものもありますが、そのうち、〈メンタルヘルス財団〉による調査（イギリス最大の睡眠習慣に関する調査です）は驚くべき結果を示しています。イギリス人の36パーセントは「慢性の不眠症」をわずらっていて、健康に悪影響が出ているというのです。そして、不眠症とされる人のうち、80パーセント近くが2年以上にわたって症状が継続しています。さらに、調査対象となった人のうち、「眠りの深い人」とされたのは、わずか38パーセントでした。

医療の専門家は、睡眠不足による問題を認めるのに、とても説得力のある説明をします。しかし、その支援ネットワークは必ずしも整っていません。私のクライアントは、不眠症になって医師に診てもらったとき、あっさり言われたそうです。「眠れないからといって心配することはありませんよ。それで死ぬことはありませんから！」私に言わせれば、これはよく言っても〝思いやりに欠ける〟、悪く言えば、〝どう見ても有害な〟助言です。

こうしたそっけない態度は、社会に広く現れています。つまり、ぐっすり眠れなくて困っていると人に打ちあけると、ごまんとある、くだらない迷信にもとづくアドバイスを、まちがいなく、しかも際限なく聞かされます。そうしたアドバイスの中には正しい科学にもとづくものもありますし、はっきり言って馬鹿げたものもあります。どちらであっても、就寝時の不安やプレッシャーを増すことにしかならない場合が多いのです。

睡眠不足は普遍的な問題だというこの考えは、私自身の実地的な経験からも正しいとわかります。過去25年ほどのあいだ、さまざまな睡眠不足に関する問題で私に助けを求めてくるクライアントの数は、増える一方でした。レース前夜になると眠れなくなるF1レーサーとか、手術の前夜はまったく寝つけない外科医とか。あるいは、大型新番組のオーディションを控えたテレビの司会者や、大事な試験を控えた学生など、とにかく眠れなくて困っている人たちです。まともに眠れなければ、彼らにとってのベストコンディションにはなれないのです。

つまり、夜、ぐっすり眠らなければならない理由は、たくさんあるわけです。そして、それが世間の大半の人びとにとって重大な問題であることを示す証拠もたくさんあります。同様に、夜間の熟睡がもたらすプラス効果がきわめて大きいのは、火を見るよりも明らかです。では、この魔法のような7時間の安眠を確保するには、どうしたらいいのでしょう?

この章における私のアドバイスには、ふたつの段階があります。最初のものは、すでに充分立証されている一連のルールで、一般に〈睡眠衛生〉と呼ばれています。それでも、ここで繰り返し述べる価値はあるはずです。2番目は、私なりのアプローチで、あなた自身の〈睡眠中の心理現象〉を知り、それを活用することで、リフレッシュして若返ることができる、夢のような睡眠を獲得しようというものです。

まず、最初の〈睡眠衛生〉とは、要するに、ぐっすり眠れるための条件をそろえることです。言わずと知れたものばかりです。例えば、遅い時間はカフェインを控えるとかです（正確に何時以降がダメかは人によって異なりますが、午後3時あたりを過ぎたら摂取を控えるほうがいいようです）。アルコールは、飲むと眠くなるかもしれませんが、真夜中の深い眠りがさまたげられてしまいます。体がアルコールの効果を止めるので、深夜から早朝にかけて目が覚めてしまうのです。また、刺激的な、あるいは恐ろしい映画やテレビ番組の視聴は、夜間は避けたほうが賢明です。就寝まえの一定の時間内にパソコンやスマホなどのデバイスを使ったり、画面をじっと見たりするのも、避けたほうが無難でしょう。

遅い時間の飲食も、睡眠効率をさまたげる要因としてよく引き合いに出されます。そのあと眠ろうとしても、消化器系がまださかんに活動しているからです。一方、寝室の光と音をすべて遮断するのは、眠りやすい環境を作るアイディアとしてすぐれています。実行するのも簡単です。

そんなわけで、少し時間をとって自分の睡眠に関する習慣やルーティンを分析し、今すぐ、こうした変化を起こしましょう。それでなくても睡眠不足の方は、すばらしい眠りを手にするチャンスをのがしているのですから。

このような〈睡眠衛生〉や夜のルーティンに充分注意を払ってきた人でも、睡眠の質の向上のためにできることは、まだあります。私がご提案する〈睡眠中の心理現象〉を理解して活用するのです。

この〈睡眠中の心理現象〉は〈睡眠衛生〉をうまく補います。目覚めたときから元気いっぱいで、新しい一日を楽しむ準備ができているような気分にさせてくれるものです。

人は**なぜ**眠るのか、**なぜ眠れないことがある**のか。そうした問題についての考え方を示してくれるのが〈睡眠中の心理現象〉です。そして、人それぞれの〈睡眠中の心理現象〉は、その人が、すばらしくも謎めいた〈眠りの国〉にはいっていけるかどうかを大きく左右します。自分の〈睡眠中の心理現象〉がわかれば、(多少は眠れるにしても) なぜぐっすり眠れないのかを理解する助けとなります。このように、睡眠への意識が高まれば、解決に向けた戦術を自分なりに〝カスタマイズして〟人生を変えることができるのです。

まず、自分の〈睡眠中の心理現象〉への理解を深めるには、毎晩眠っているあいだに何が起こっているのかを分析しなくてはなりません。以前は、眠ると脳は一種の「機能停止」状態におちいり、やがて数時間後に目が覚めると考えられていました。ところが現代科学のおかげで、睡眠はもっと複雑で、もっと重層的なものであることが判明したのです。

科学は、睡眠には「周期」があり、眠りの深さによって4段階にわかれていることを明らかにしました。ステージ1は浅い眠りです。この段階では簡単に目が覚めてしまいますが、数分間うとうとすると、目の動きは遅くなります。ステージ2もまだかなり浅い眠りですが、ゆっくりとした脳波になりはじめます。ステージ3からは深い眠りが始まります。脳波はさらにゆっくりになり、目の動きはなくなり、筋肉の活動もありません。この段階になると、なかなか目は覚めず、外部からの刺激にも体はあまり反応しなくなります。最後のステージ4は、いわゆる急速眼球運動を伴う睡眠（REM睡眠）で、眠り込んでからおよそ90分後にこの段階にはいるようです。REM睡眠のステージはそれぞれ1時間ほど続き、平均的な大人の場合、毎晩、5、6回のREM睡眠が出現するといいます。

では、私たちは、こうした知識を活かして、本当に自分の睡眠パターンを向上させることができるのでしょうか？　ずばり言えば、できます！　以下に例をあげてみましょう。私の祖母、ローズ・ボンドは、こと睡眠にかけては魔法のような精神力の持ち主でした。何よりも、いつも〝ぐっすり〟眠りましたし、朝からいつも楽しそうで、元気いっぱいでした。おまけに、決して目覚まし時計を使いませんでした。例えば、朝の7時に目覚めたいときは、脳のプログラムをセットして、その時刻に目覚めるよう、体に指示を出させるのです。祖母によれば、ベッドにはいったら、自分が「元気よく起きたい」時刻を頭の中で実際に思いえがき、それから目を閉じるのだとか。私が知るかぎり、そのやり方で祖母が起きられなかったことは、一度もありません。後年、あらゆる立場や職業の人たちと睡眠不足について何度もセッションを重ねた私は、ある結論にたどり着きました。祖母ローズがやっていたような、一種の脳プログラミングのプラス効果は、かなり大きいものだというのが、その結論です。

というわけで、睡眠に関する私のアドバイスの核心部分まで、もっと掘りさげてみましょう。こんなとき、私が誰を責めると思います？　そう、そのとおり。あなたのサルです。あなたが眠りたいと思っているとき、サルにはあまりにも多くの〈任務〉がある――それが問題解決の鍵です。私は、クライアントが「あらゆることを考えてしまって、とにかく眠れない」とか、「あまりにたくさんのことを考えてしまい、眠るどころじゃない」などと言うのを何度も聞いています。すべては、とんでもなく場違いで、あまりにもタイミングの悪い〈サルのおしゃべり〉のせいなのです。もちろん、睡眠の質に多大な悪影響を与えるのは、迷惑な〈サルの任務〉だけではありません。そのほかにも、病気や、痛みや、無呼吸（眠っているあいだに、呼吸がほんの短時間、何度も途切れる症状）といった睡眠時の症状があります。

ですから、慢性の不眠症に苦しんでいる人は、まずかかりつけの医師に相談するべきでしょう。医療の専門家とじっくり取りくむのが、まずは正しい選択だと思います。ですから、医学的な助けが本当に必要だと思ったら、医師に悩みを伝えることを強くお勧めします。そうすれば、彼らは医学的に介入できるさまざまなやり方について話してくれるはずです。適切だと考えれば、薬剤を用いるかもしれません。

とは言うものの、あなたが〈睡眠衛生〉について絶えず努力していて、隠れた健康上の問題がないとすると、睡眠不足についての残りの責任は、あの厄介な霊長類、〈頭の中のサル〉にあると私は考えます。

サルは、夜間のあなたの睡眠をやすやすと妨害します。あなたが格好の標的だからです。あなたはベッドに横たわったまま、（あまり）身動きもしません。気を散らすものもありません。あるとしても、それはあなたの隣りで寝ているパートナーの、大きないびきぐらいのもの。用意した耳栓に手を伸ばせば、いびきはシャットアウトできるわけです。ところが、それでもサルのおしゃべりは聞こえてきます……途切れることなく……。

私も大変な思いをしてきましたので、睡眠不足がどれほど人を衰弱させるかはよくわかります。実は、私がサルの〝マイク〟に安眠を妨害されるようになったのは、かなりまえからです。2008年ころ、私はとんでもないペースで働いていました。なかなか人にノーと言えず、〈ブレーキをそっと踏む〉べきだったのに、それができませんでした。（ツール6を参照）。こうした、熱に浮かされたような仕事のペースに加え、家族の健康状態のことで深刻な悩みが生じました。しかもその悩みは、どうやら解決の見込みがなさそうでした。ですので、公正を期するために言っておくと、当時、マイクには気がかりなことがたくさんあり、あまりにも多かったために、夜にあふれでてしまい、おかげで私はまったく眠れない日が何か月も続いて、へとへとになったというわけです（私の体験談は、この章の終わりの「ケーススタディ」に書きました）。

このつらい時期を乗りこえているので、最近のマイクは、わりとおとなしく、私を眠らせてくれます。ところが、夜中に手洗いへ行き、戻ってまた眠ろうとすると、とことんイヤなやつになります。真夜中にマイクとよく交わす会話は次のようなものです。

マイク「ねえ、明日のセッションのことで話がしたいんだけど……。それと、会計士にメールは送ったかい、約束したとおりに？」

私「今、その話はやめてくれよ、マイク……」

マイク「いや、今じゃなきゃ、ダメだ。あと、付加価値税《VAT》はいつ払う？　ジェーンの誕生日プレゼントには何を買った？」

私「黙れよ、マイク！（なんとかしてマイクを黙らせないと、今度、時計を見たら、もうそろそろ起きる時間、なんてことになってしまうな……）」

これが、何度も繰りかえされてきたのです。

これまで何年もセッションをしてクライアントたちの意見を聞き、私自身も大変な時期を経験して彼らに心から共感したこともあって、ある結論に至りました。サルが人の眠りを台なしにすることに関しては、主に3つの点に注目しなくてはならないのです。

❶サルが口を閉じ、あなたを**眠らせてくれる**までにかかる時間。

❷夜中に目が覚めた場合は、サルがおしゃべりをやめ、あなたが**また眠りにつける**までにかかる時間。

❸理由がなんであれ、**予定よりも早く**目が覚めてしまい、サルが「今さら眠っても仕方ないよ。もうそろそろ起きる時間じゃないか。二度寝するなんてありえない。さあ、どうする？」と言っているのが聞こえてきて、かといって、ぐっすり眠れたとはとても思えないような場合。

ありがたいことに、こうした睡眠にまつわる3つの問題を解決するノウハウには互換性がありま す。これら3つの問題はすべて、これから皆さんにお伝えするノウハウをいくつか使えば、解決できるのです。

まず、サルをもう少し公平に扱うところからはじめなくてはなりません。なにしろサルは日中、自分の仕事として、あなたの安全を守っているだけなのです。生活のスピードが上がると、(すでにお話ししてきたように)サルには負担が少し増えすぎて、あなたの睡眠時間を侵害しはじめます。睡眠時間を利用して、疑問への答えや、問題の解決策を探そうとするのです。残念ながら、こうなると事態は悪化するばかりです。つまり、ぐっすり眠るためには〈頭の中のサル〉をなんとかコントロールしなくてはならないのです。

頭の中でサルの声が聞こえなくなるのは、あなたの意識がようやく寝入って、あなた自身が実際に眠りについてからです。その時点で、今度はあなたの潜在意識、つまり〈夜間のフロント係〉があとを引きつぎ、あなたの生存が脅かされないよう、見守ります。肺がきちんと働き、心臓が脈を打っているのを確認し、さらに消化器官など、体のほかの機能を調節します。やがて(理想としては)およそ7時間後に、〈夜間のフロント係〉のシフトが終わり、あなたが目をさますとともに、サルのおしゃべりがまた始まります。

では、どうすればサルを説得して、自分が眠りたいときにおしゃべりするのをやめてもらい、〈夜間のフロント係〉にスムーズに引き継いでもらえるのでしょうか。解決策は、昼間だけでなく夜間も、サルをうまくコントロールする方法を見つけることです。忘れないでください。脳は睡眠をとるようにプログラムされています。脳そのものも睡眠を必要としているのです。あとはあなたが脳に睡眠をとらせるかどうかです。自然の摂理も、あなたと同じ結果を望んでいます。さあ、これで〈睡眠中の心理現象〉が、さきほどよりも理解できたはずです。では、実際にはどうしたらいいのでしょう？

サルのいつまでも終わらないおしゃべりを聞かずに眠りにつくには、まず〈睡眠衛生〉のすべての条件をそろえてから、サルにこう伝えればいいのです。コントロールしているのは私だ、すばらしい安眠に向かっているところだよ、君がどれほど檻を揺らそうが関係ない、と。

そこからは〈禅の呼吸〉をお勧めします。というか、どんな形のものでもいいので瞑想をしてください。読書でも、癒し系の音楽を聴くことでも、自然をテーマとするテレビ番組の視聴でもかまいません……。どれを選ぶにしても、あなたの意識である〈頭の中のサル〉を、できるだけ静かにさせるものでなくてはなりません。ベッドにはいるまえに、自分がサルをコントロールしているのだとはっきりわからせる策を講じれば、サルはもっと打ちとけ、物わかりもよくなって、あなたが眠るときに〈夜間のフロント係〉に任務を引きつぐでしょう。逆に、落ち着きがなく、手に負えない状態のサルといっしょにベッドにはいったら、なかなか眠りにつけないでしょう……。睡眠はスローなダンスです。レスリングの試合ではありません。

じっくり時間をかけて、服を脱ぎ、歯をみがき、パジャマに着がえましょう。そうすれば、眠りをコントロールしているのは自分だ、サルではないという気持ちを保てます。あなたの動きは穏やかで、リラックスしていて、自信に充ちたものでなくてはなりません。意図的にそうすることで、すべてが順調だという力強いメッセージをサルに送るのです。睡眠を促すアイテムは、自分で選んで準備しましょう。例えば、耳栓とか、気持ちよく目をカバーするものとか。ほかにも、睡眠を引きよせるものや、気が散ってしまう外部からの刺激をブロックするものなら、なんでもかまいません。

さて、いよいよベッドにはいって眠りにつく時間が来ました。〈睡眠衛生〉に関するアドバイスはすべて見事にやり遂げました。これなら眠りにつけるという自信が増しているはずです。ここからは〈睡眠中の心理現象〉を加える時間です。

心が雑然としたままベッドにはいってしまった場合のコツは、それを片づけることです。そのためには、**シンプルに**しなくてはなりません。ノウハウは3つだけ使うことをお勧めします。〈無理して眠ろうとしない〉と〈禅の呼吸〉と〈ハリウッド映画〉です。

最初に試してみるのは〈無理して眠ろうとしない〉ことです。変な言い方に聞こえるかもしれませんが、一生懸命眠ろうとすると、必ず失敗します。自分を眠りに**ゆだねる**——それがコツです。こだわりを捨てて、眠りが訪れるにまかせればいいのです。〝眠り〟のほうも、そうしたくてたまらないはずなのです。強引に自分を眠らせることはできません。強引に自分をリラックスさせることができないのと同じ理屈です。

自分が眠っていくプロセスに**すべての**意識をそっと、でも、しっかりと向けましょう。このとき〈禅の呼吸〉に助けてもらいながらリラックスして、やがて眠りが訪れる気がしたら、今度は自分の体に意識を向けます。体のすべてのパーツを頭の中で思いえがき、息をひとつ吐くごとに、すべての筋肉をひとつずつリラックスさせます。これはランダムに行ってもかまいませんし、筋肉群ずつでもかまいません。どちらのアプローチをとるにせよ、呼吸とも体とも、つながった状態を保ちます。

サルが邪魔をしてきたら、とにかく自分の体に意識を向けてください。何度も、何度でも……。すると、魔法のようにうまくいくはずです。あなたがその流れに逆らわなければいいだけです。眠りにつくためには、サルがあなたを過去へ引きずりこんだり、将来に押しこんだりするのを止めなくてはなりません。あなたは〝今〟を考えなくてはなりません。それが、あなたの意識が眠りにつくプロセスです。絶対に欠かせないのは、あなたがサルを〝今〟に連れもどすことです。そのために〈禅の呼吸〉を行い、先ほど述べたようにそれぞれの筋肉群を緩めるアプローチを行います。眠りに落ちそうになってサルが割り込んできても、心配せずにやりぬいてください。これが眠りのプロセスであり、このとおりにやれば、うまくいきます。眠りは訪れます。脳はそのようにプログラムされているのですから——。

往々にして、うまくいかないなと思ったときこそ、まさに眠りかけている瞬間です……結果ではなく、眠りにつくまでのプロセスに寄りそってください。〈禅の呼吸〉で息を吐くときに、マントラを唱えるのもいいかもしれません。例えば、「私は落ち着いていて、くつろいでいる……」とか、私のお気に入りである「リラックスして、息を吐いて……」とか。

眠りが訪れるにまかせるというのは、暑い夏の日に蝶をつかまえるのと似ています。蝶は、追いかければ追いかけるほど、遠くへ逃げてしまいます。でも、腰を下ろし、じっとして、ゆったりした呼吸をしていると、かなり高い確率で、蝶のほうから近づいてきて、あなたの肩にそっととまってくれるでしょう。

もう眠る時間なのに、まだ邪魔がはいる場合は、〈ハリウッド映画〉ツール（ツール4を参照）を利用して、アプローチの選択肢を増やすという手もあります。なかなか寝つけないのであれば、あなた自身が心地よく、くつろいでベッドにはいる姿とか、暖かい丸太小屋で体を丸め、ぱちぱちと音を立てる暖炉の火のまえでうとうとする姿を描く映画の脚本を書き、その映画を製作、監督するのです。あるいは別のアングルから攻めて、有名人といっしょにディナーを食べたり、テレビ界の優秀賞を贈られたりといった、現実離れした気晴らしの映画を作ってもかまいません。はっきり言って、鮮明に目に浮かぶような頭の中の映画であれば、なんだっていいのです。どちらのアプローチをとっても、サルはその映画に気をとられ、あなたがその裏で心と睡眠をコントロールしていても、何もしてこないでしょう。

最後に一言。ここまでのアドバイスは、ぜひ習慣にしていただきたいものです。すると、眠ろうとするとサルが邪魔をして、たくさんの質問で攻めたててきても放っておくのが習慣になってしまうのと同じで、あなたはそのうち、いつサルが叫びだすかを感じ取れるようになります。サルの止め方がわかるようになれば、穏やかで落ち着いた精神状態――いつでも眠れる状態――に戻れるようになるはずです。

ぜひ、練習を続けてください。結果は蓄積され、ほどなく、夜ごとの眠りを心ゆくまで楽しめるようになるはずです。体に力がみなぎってくるような、すばらしい7、8時間の眠りを今から楽しめる――それがわかるようになるはずです。サルではなく、あなたがコントロールしているのです。そして、効果的な〈睡眠衛生〉が整い、〈睡眠中の心理現象〉を理解し、ここで述べたノウハウが身につけば、以前は想像でしかなかった〈良質な眠り〉が手にはいるはずです。

睡眠そのものは、見事なまでにシンプルです。人がそれを複雑にしてしまうのです。

ケーススタディ

ぐっすり眠る

私の場合

本文中でお話ししたように、〈ぐっすり眠る〉ツールのケーススタディは、私にとってきわめて個人的なものです――というか、私自身の話です！　もう何年もまえのことですが、私はマインドコーチングで常連となってくれるクライアントを増やすために、ほとんど毎日、長時間、働きづめでした。どうにか企業のマネジャーから助言者《メンター》へと転身し、ようやく心から情熱を傾けられる仕事に就いたところだったのです。つまり、相手が誰であろうと、どんな仕事をしている人であろうと、その人が最高の〝自分〟になる手助けをする仕事です。

最初のころ、仕事をする相手は、一流のアスリートが中心でした。ところが、クライアントとなる条件は必然的に広がり、そのうち……あらゆる人が対象となったのです！　ビジネスが軌道に乗るにつれ、問題が発生しました。私は断るのがあまり得意ではなく、みんなを喜ばせたくなってしまいます。それで、あまりにも仕事にかかりきりになったせいで、私のサル〝マイク〟に人生を乗っ取られても気づかず、しまいには睡眠まで乗っ取られてしまいました。

それに加えて、家族の一員にかなり深刻な健康上の問題が生じ、マイクが気を揉まなくてはならない問題がさらに増えてしまいました。その結果、睡眠の質がガくんと下がり、毎日ますます疲れるようになったのです。しかし、とにかく少しでも元気を取りもどさなくてはなりません。ぐっすり眠れなければ、健康が脅かされる——それくらいは百も承知でしたから。しかし、状況はさらに悪くなり、ついには食欲がほとんどなくなりました。それでも仕事は続けたのです（この時点で〈ブレーキをそっと踏む〉ツールを使うべきでした……）。

体に何かしらの助けが必要だと考えた私は、地元の家庭医と問題に取りくみ、しかるべき薬剤を摂取しはじめました。すると元気が出てきて、睡眠も食欲もまたコントロールできるようになったのです。私が最初に行ったのは、**無理して眠ろうとしないこと**、自分のこだわりを捨てること、そして、なるがままにまかせることです——もちろん、「言うは易《やす》く行うは難《かた》し」でしたけど！　それと同時に〈禅の呼吸〉をやってみたら、効果てきめんでした。さらにそれを補うものとして、どこかリラックスできる場所——たいていは浜辺——を舞台とする〈ハリウッド映画〉ツールを使いました。

マイクは今でもときどき（とくに夜、目が覚めたときに）眠りを妨害しようとします。なんと言っても、それが〈サルの任務〉だからです。でも今の私には、サルへの備えが充分にできているのです。

ツール 10

不安を抑制する

あなたに向けた音声データ

この本の読者の中には、不安を感じている人もいると思います。これまでに紹介されたツールは自分には効かないんじゃないかとか、すぐには効かないんじゃないかとか、たいした効果はないかもしれない、などなど。もしかしたら皆さんは、応急処置というか、すぐに効く特効薬を探していらっしゃるのかもしれません。でも、安心してください。そうした方の気持ちはよくわかります。不安を感じているのは、あなたひとりではありません。

皆さんの人生から不安をすべて取りのぞいてみせるとは言いません。取りのぞいてあげたいわけでもありません。少し緊張感があったほうがいい場合も確かにあるからです。そのほうが試験にベストの状態で臨めるかもしれませんし、あるいは、チェックしなくてはならないことに気づいたり、どうもしっくりこなかったりといった自分の中の警報装置が作動するかもしれません。不安はいつも人につきまといます。でも往々にして、それにはちゃんとした理由があるのです。年をとれば不安は減る、と言えたらいいのですが、そんなことはありません。不安に思う対象が変われば、不安の形も変わっていく——それだけのことです。でも、これだけは言っておきます。**不安はコントロールできます**し、コントロールすべきです。逆に、不安にコントロールされてはいけません。

現代社会は、不安とともに、かなり多くのストレス要因を人びとにもたらしました。少し例をあげるだけでも、生活のペースが速くなったことや、インターネットやSNS、同調圧力や、健康上の不安、金銭トラブルなどがあります。でも、私の経験上、最悪のストレスは、未解決の心配事や問題があるのに、すぐには解決策が見つからなさそうな場合です。

不安の原因（つまりストレス要因）がはっきり特定されていて、それに始まりと終わりと中間があるなら、なかなか解決できない不安よりも、ずっと扱いやすいはずです。例えば、明日の朝、歯科医に診てもらうのが不安だとしても、明日の夜までにはすべて解決しているとわかっているわけです。一方、心配事がすでにしばらく続いていて、解決のきざしが見えない〈例えば、慢性的な健康上の不安や、長引く金銭面の不安〉となると、話はまったく変わってきます。

そもそも、〝anxious（不安な）〟ということばは、「将来起こるかどうか不確かなことについて心配する」ことを意味するラテン語〝anxius〟を語源としています。言いかえるなら、私たちの多くを苦しめるのは、〈そうなったらどうしようという心配〉なのです。ところが、残念なことに〈頭の中のサル〉は、不確実なことへの対応をいやがります。どれほど不確実かは関係ありません。サルは**即時の**回答を求めるのです。あなたが不確実なことに**どのように**対処するか、**いつ**、**どうやって**対処するかなどは、知ろうともしません。

〈そうなったらどうしようという心配〉への回答が返ってこないと、あなたの〈頭の中のサル〉は、だんだん興奮してくるでしょう。未回答の状態が長引けば長引くほど、サルは癇癪を起こしがちになり、必要のないアドレナリンをあなたの体に大量に送りこみます。そうすると、あなたは食欲がなくなり、眠りは邪魔され、延々と続く〈サルのおしゃべり〉にとらわれた気持ちになります。〈分析麻痺〉（訳注：状況を分析しすぎたり、考えすぎたりすることで、動作や意思決定が麻痺すること）があなたを支配し、しばらく意思決定は棚上げされ、頭は思考と質問でいっぱいになります。そうなると、サルがあなたの生活を支配してしまいます。サルが時間外も働き、あなたが抱える問題の答えを必死に見つけようとするので、あなたの脳は燃えつきそうになります。

厄介なことに、そうなると人は、さらに途方にくれ、うろたえてしまいます。何が起こっているのか、なぜこれほどいやな気分なのかが理解できず、このままずっと、自分が自分でないような気持ちのままになるのではないかと心配しはじめます。そして、そんな心配ばかりしていると、下手をすると、恐怖の悪循環が起こりかねません。つまり、「心配していることそのものが心配」という状態になってしまうのです。

こんなふうにサルが主導権を握ると、もちろん最高のパフォーマンスなどできなくなります。目の前のことに集中できなくなったり、ぐっすり眠れなくなったり、バランスのとれた食事ができなくなったり、物事を正しく判断する感覚を維持できなくなったりします。要するに、不安は、生活のあらゆる領域に悪影響を及ぼし、人から時間とエネルギーを奪うのです。

ですから、不安は止めなくてはなりません。止めるべきです。

私なら自信を持って、不安に押しつぶされそうなあなたの回復を早め、手に負えるレベルまで不安を軽減するお手伝いができます。それさえできれば、あなたは人生を再び楽しめるようになり、毎日が最高の自分になれるはずです。

でも、どうすればいいのでしょう?

あなたへのプレゼントを用意しました。

それが〈不安を抑制する〉音声データです。


私はふだん、クライアントとの一対一のセッションを行っていますが、20年ほどまえ、こうしたセッションにも限界があると気づきました。この本でここまでお伝えしてきた9つのツールは、従来のクライアントの方々にも伝えており、彼らからは、これらのノウハウは斬新で目ざましい成果があったという感想をいただいています。確かに、私のオフィスをあとにするときの彼らは、元気を取りもどしたような様子をしています。新たなツールを身につけたのだから、これからは自分で脳をチューニングして、どんな問題が生じて助けが必要になっても、もっと効果的に対処できると考えているように見えます。それでも、私の中で徐々に疑問が頭をもたげてきたのです。一対一のセッションの効果は、いったいどれくらい持続するのだろう?

マインドコーチングのセッションを終えて、私の自宅まえの道を歩いて帰っていくクライアントの姿を、私はよく見ていました。彼らは必ず（たいていは車に乗りこむまえに）携帯電話の電源をいれ、自分たちの生活に戻っていきました。それで、あるとき気づいたのです。いずれ彼らは、なんらかの問題に自分で対処しなくてはならなくなる。あるいは何か〝緊急の〟用件をこなしたり、困難な状況に巻きこまれたりするかもしれない……。そうなっても、彼らには事実上、彼ら自身しかいない。私が彼らのために、24時間、そばにいてあげるわけにもいかない。私たちがセッションでいっしょになしとげた大きな進歩も、せわしない毎日や、とかくあれこれと要求してくる現代の生活の中でリセットされてしまうのではないか――。それが心配になったのです。

そこで考えました。クライアントのために、ほかにも提供できることがないだろうか。セッションの本質を反映し、その勢いを保ち、しかし何よりも肝心な点として、クライアントと私が試練への対処にはこれがいいと決めたツールを、思い出させるものがないだろうか。

それで思いついたのです。必要なのは、それぞれのクライアントに向けた音声によるメッセージ、〈不安を抑制する〉ＭＰ３データだ、と。つまり、クライアントへのマインド・マネジメントの中で最も重要な箇所を、私が彼らに話して聞かせる形で吹きこんだ、オーディオファイルです。これなら、クライアントはいつでも、どこでも、何度でも聴くことができます。

それから数か月のあいだ、毎回クライアントがオフィスをあとにすると、私は椅子に腰を下ろし、セッションの内容を静かに思い出して、ＭＰ３に吹きこむ内容をノートに書きとめるようになりました。それから犬を散歩に連れていき、リラックスしながら、書きとめた内容にみがきをかけてくれるものが、何かほかにも――無意識から意識へと――浮かんでこないか、じっと待ちました。そして帰りがけに、録音機材がおいてあるスタジオに立ち寄り、マイクを持って録音し、スタジオをあとにしました。

仕事仲間にF1レースドライバーがいるという点では、私は恵まれていました。彼らはこの〈不安を抑制する〉MP3初期バージョンの「試運転」につき合ってくれました。別に驚くようなことではありませんが、ドライバーの中には、グランプリレースの前夜になるとぐっすり眠れず困っている人がいました。集中力を高めたいという人もいました。ふたりとも、まもなく出場する予定のレース場のコース全体を頭に描いて、ラップタイムを上げたいと思っている点では同じでした。

ですので、皆さんにお伝えしたいこの音声メッセージは、世界最高クラスのスポーツヒーローたちの意見をもとに改良を加え、みがきをかけてあります。クライアントの多くは、このMP3は人生を一変させるほどすごいと言ってくれましたから、もちろん私は気をよくしました！　最初のころ、録音技術はとにかくローテクで、ファイル全体を一気に録音しなくてはなりませんでした、だから、終わりが近づいたところでミスをしてしまうと、最初からやり直さなくてはなりませんでした！　おまけにCD（というものがあったのを覚えてますか？）を1枚ずつクッション封筒にいれて地元の郵便局へ持参し、毎回手数料が5ポンドもかかる簡易書留で送らなくてはなりませんでした。今は技術の進歩のおかげで、あまり手間がかからなくなりましたが。長年かけて録音してきたMP3のデータ数は4千を超えたはずです。そこまでやって、ようやくコツをつかめてきた気がします。

ということで、これが皆さんへのプレゼントです。巻末に書かれたURL（アドレス）かQRコードから〈不安を抑制する〉音声データを無料でお聞きいただけます。この本いちばんの優れもので、パワフルなツールについて私がお話をさせてもらっています。

この〈不安を抑制する〉音声データは約20分のオーディオファイルで、リラクゼーションと視覚化に関する内容となっています。また、これまでお話ししてきたツールの多くをカバーしています。インターネットに接続できるパソコンか、スマートフォンをお持ちであれば、年齢を問わず、どこの国でもご利用になれます。

このファイルに〈不安を抑制する〉と名づけたのは、これなら、ツールをいつでも手元に用意しておき、不安がもたらす、ありとあらゆる試練と戦えるからです。ひとつのツールだけでクライアントのための解決策が見つかるケースは（たとえ見つかるとしても）あまり多くありません。ほとんどすべての事例では、3つか4つのツールを調和させて使います。それ以上の組み合わせが必要になる場合もたくさんあります。このモジュール型の構造は〈好みの組み合わせが選べる〉アプローチに例えられます。つまり、自分にいちばん合ったツールを選べるのです。音声データを聴いたら、どのツールで自分自身のセレクションを構成したらいいかを、あらためて考えてみてください。これを繰りかえしていくうちに、頭に描いたオーダーメイドのアクションプランが固まってきます。

ということで、巻末に書かれた情報にアクセスし、快適で静かな場所を見つけたら、あなたに向けたオーディオファイルに耳を傾けてください。この本で話してきたことをすべて思い出し、リラックスしてみてください。**すべてのツールが思いのままとなった今、あなたは最高の〈不安を抑制する人〉になろうとしているのですから。**

ケーススタディ❶ 不安を抑制する

オリーの場合

本文でご紹介した〈好みの組み合わせが選べる〉アプローチがなぜ大切なのかを説明するのに、3人のクライアントに光を当てたいと思います。3人とも、各自に向けたMP3とさまざまなツールを使うことで、かなり深刻な問題を乗りこえました。

まずはオリーです。私に会いに来たとき、彼は15歳でした。会ってすぐ私はオリーが気に入りましたが、彼のほうは私のことを頭のおかしい、時代遅れの人間だと思っていたようです（公正を期すために言っておくと、この表現は、おそらくふたつとも当たっています！）。

彼を見ていると、大昔の自分を見ている気がしました。オリーも私も学校にあまり興味がなく、できれば行きたくないと思っていましたから。ただ、多少の年齢差は別として、オリーと私にはひとつだけ大きなちがいがありました。オリーは失読症であり、私のほうは、ただの怠け者でした（それまでにも失読症の若者とは何度か仕事をしたことがありますし、学習障害のある少年のための特別支援学校を訪ねたこともあります）。

このあとオリー自身も話してくれますが、この、いかれた年寄りのマインドコーチと会うことについて、オリーは――無理もありませんが――いくぶん斜に構えていました。でも、

〝ダメ元〟で試してみようという覚悟はできていたようです。オリーも〈不安を抑制した人〉のひとりです。オリーが学校生活を乗りきれるよう、彼の母親も加わって、3人でほとんどすべてのツールを試し、いっしょに基本計画を作成しました。

私たちの計画は最後にはオリーに向けたMP3を録音するという形に結実しました。そのおかげでオリーは徐々に、学校での試練にも自制心を失わずに、責任ある行動が取れるようになりました。オリーは「ドンには借りがある」などと、うれしいことを言ってくれますが、借りがあるのは私のほうです。彼に教えたのと同じくらい、多くのことを彼から教わったと思うからです。

さて、オリーはどうやって、だんだんよくなっていったのか。新しく創造的な方法をどのように見つけて、学校や、さらには人生から学び、勝利を収めたのか。以下、まずは、オリーの〝本当のマインドコーチ〟である、彼の母親が語ってくれます。

息子のオリーは、4人いる息子の、上から2番目の子です。オリーは小さなころから、ずっと大変な思いをしてきました。というのも、8歳のころ失読症と診断され、しかも学校が性に合わなかったのです。失読症のせいで学習はなおさらむずかしくなり、いつもお兄ちゃんの2倍、勉強しなくてはなりませんでした。お兄ちゃんのほうは、学校の試験も楽々こなすし、成績もよかったのです。

オリーはもともと、学校に行くのがあまり好きではありませんでした。農場で働いたり、写真を撮ったりといったアウトドアの活動や、ひとりで家にいるほうが好きでした。学年が上がっていく中、オリーも勉強に身をいれようとがんばったんです。でも、どちらかと言うと、学費を払っている私たち親への義務感からそうしているみたいでした。学校生活を楽しんでいるとか、学校に行きたいからという理由ではなく。やがてオリーは2年制の一般中等教育《GCSE》の1年生になりましたが、私たち親から見ると、学校にはますます幻滅しているようでした。学業がどんどんおろそかになっていくようでしたし、何よりも、そのせいで元気がなくなり、落ち込んでいるように見えるのが心配でした。進学試験まで残りわずか1年となったところで、夫と私はいま起こっていることを直視しなくては、と考えるようになりました。現状を見るかぎり、オリーはきっと落第すると思えたのです。

　オリーの担任教師と寮長との面談をセッティングしてもらい、オリーも同席しました。私を含めた4人で学校の会議室に集まり、オリーのすべての学科について話しあうことにしたのです。担任教師が自分の意見を言っているときに、（親しみのもてそうな人だった）寮長がオリーをせっつき、一般中等教育を終えたらどうしたいのかを聞きだそうとしました。かわいそうに、面談のプレッシャーがこたえたのか、オリーは大泣きしながら会議室から走って出ていってしまったのです。残された私たちはしばらく座ったまま、オリーが戻ってくるのを待ちましたが、一向に戻ってきません。構内を探しまわり、ようやく見つけましたが、まだ動揺している様子でした。そのまま家に連れて帰り、とりあえず、この問題はそのままにしておくことにしました。

このときになってようやく私と夫は、現実的な問題を抱えていることを実感しました。それまで教育にはかなりの金額を注ぎこんできましたが、それで何かが保証されるわけではないと気づいたのです。学校が悪いのではありません。いろいろなことが積み重なった結果です。私たちはオリーの学習能力が衰えてきたことにも、彼がどれだけ不幸せだったかにも気づいてやれませんでした。だからこそ、手遅れになるまえに何か手を打たなくてはならないと思ったのです。

ドンのことは、夫が同僚から聞いて知っていました。その同僚の方は、ドンのセッションが自分の息子に与えたプラス効果を絶賛していました。詳しくは覚えていませんが、たしか、その人の息子さんが、かなり素質に恵まれたラグビー選手で、しばらく苦況におちいっていたのをドンが立ちなおらせたという話だったと思います。その息子さんは今も元気にしているそうです。夫も私も、試してみる価値はあると思いました。それでドンに助けを求めたのです。

セッションでオリーとドンが互いにどんな話をしているかはまったく知りません（それはぜんぜんかまわないんです。秘密は守られなくてはいけないし、クライアントである子どもが安心して気兼ねなく話せるようでなくてはなりませんから。セッションの内容があとで親に伝わるようなことがあってはならないんです）。私に言えるのは、ふたりが会ってすぐに意気投合し、オリーはドンと会えたのをとても喜んでいるみたいだったということだけです。ドンは、オリーが毎日聴けるように、セッションの要点をＭＰ３に吹きこむと言っていました。それがあれば、オリーもツールを使って集中力を取りもどそうという気持ちになるだろうということでした。

ドンはまず、オリーを人として心身ともに健全な状態に戻すための録音からはじめました。やがて録音内容は、学習科目の勉強に照準を合わせるようになりました。とはいえ、勉強の具体的な内容には踏み込まず、むしろオリーを励まして、どうやって勉強したらいいか、どうしたら覚えたことを忘れずにいられるかを伝授するものでした。ドンのおかげでオリーは本来の自分を取りもどしました。そして、ふだんから録音を聴くようになったんです。私はオリーのそばにいて、復習する量を増やしていきました。そのため、彼が学ばなくてはならない山のような課題を細かく分けて、ひとつひとつを手に負える量にしました。そうしたやり方については、ドンがいろいろとアドバイスをしてくれ、さらには記憶を向上させ、覚えたことを忘れないノウハウの本を紹介してくれました。

私とオリーは、そうしたたくさんのアドバイスを活かしながら、勉強をこつこつと進めていったのです。最初は私もいっしょに勉強しなくてはなりませんでした。でも、そのうち、オリーは自分ひとりで責任を持って勉強するようになりました。自信と意欲を取りもどし、自分ならできると思えるようになったのです。試験に向けての復習もすべてひとりで行い、全科目の試験を受けました。オリーの成績に、私たちはみんな大喜びしました。Aプラスがふたつ、Aはたくさん、BとCがひとつずつという、すばらしい成績でした。でも、それだけの努力をオリーはしてきたのです。

1年まえ、あのひどい面談の場に同席し、息子が部屋から走って出ていってしまったときは、こんな結末が待ちうけているとは夢にも思いませんでした。事態の好転には目を見張るばかりです。ドンから受けた恩には、どんなに感謝しても感謝しきれません。ドンはまさしくオリーを〈闘う人〉に変え、生きていくためのツールを授けてくれたのです。ドンがオリーの道のりに示してくれたアドバイスに、私たちは一生感謝します。

オリー自身の話

ぶっちゃけ、学校なんて〝クソ〟でした。授業の内容はだいたい理解できたけど、授業が終わって家で宿題をやるとなると、よくわからなくて……。これくらいできるだろうと思っていたところに届かないと、ますます学校から遠ざかるようになってしまい、ほかの世界に関心を向けるようになってしまったんです。しかし問題は、僕がまだ15歳だったことです。その歳では遠くまで行けやしないし、たいしたこともできません。

毎日、学校へは通ったけど、まったくやる気がなくて……。たいていのものには集中できたけれど、先生がしゃべっている内容には集中できませんでした。学校では、スポーツさえ楽しめなくなって、こんなの、まったく自分らしくなかった。欠陥だらけの学校制度を何から何まで憎みながら帰宅していました。で、両親は助けてくれる人を真剣に探しはじめたんです。

マインドコーチをしているという、ドンの名前が会話の中に出てきたのは覚えています。ただ、マインドコーチなんて仕事は聞いたこともありませんでした。もちろん、僕だってこの世代の若者ですから、ドンのことはネットで調べました。彼の、まるでぱっとしないウェブサイトを見ていたので、ドンの家に足を踏みいれるときは、どうせ何の成果もなく学校へ戻ることになるんだろうなと思っていました。ところが、それからの2時間、僕たちが座っていた狭い部屋の中で、何か特別なことが起こったんです。

ドンは教師ではありませんでした。昔気質《かたぎ》の「もっと勉強しろ、この怠け者めが」と言ってくる人でもありませんでした。ドンは僕と同じ目線の人でした。徐々に彼は僕の信頼を得ていきました。ついには、僕を助けてくれるかもしれないということで、瞑想のやり方まで教えてくれました。ふたりでしばらくいるあいだに、僕がハッピーな気持ちになれることや、僕のやる気を引きおこしそうなことをいっしょにしました。このMP3の録音も、僕が毎日2回ずつ聴いて、やる気が出るような内容をふたりで考えたんです。セッションを終えて帰るときには毎回、「人助けのためにそこにいる、大きな子どもに会ってきた」ような気持ちでした。

学校へ行った次の日は、自分を理解してくれる人がいるとわかっているだけで、気持ちがちがいました。でも、それで状況がすぐに変わったわけではないんです。その夜、ドンからメールが届き、録音したファイルが添付されていたので聴いてみました。それですべてが変わりました！（というセリフを、僕はきっと期待されているんですよね？）

うーん……でもまあ、そんな感じなのかな。MP3には確かに助けられました。でも、あれは「一度聴けば、人生が変わる」といったたぐいのものじゃなかった。毎日2回、20分ずつ聴かなくてはならなかったし、変化が現れるのもゆっくりだったし。

しばらくして、またセッションに出かけました。相変わらず古くさいウェブサイトを使っている、あの頭のいかれたマインドコーチと話をするだけのためにです。まあ、今回はもっと重要なMP3を作成するという目的もありましたけど……。このときは、直前に迫った試験にもっと関係する内容でしたが、一般的な内容も多かったかも。おかげでツールがまたひとつ身につきました。そのツールは、学校に行くよりも僕を助けてくれます。

僕がよくなったのは、すべてドンのおかげというわけではありません。しかも、ドンは腰が低くて、変化を引きおこしたのは僕自身であって、自分のおかげじゃないとか言ってます。でも、あの苦しい時期から抜けだそうとしていた僕に手を差し伸べてくれたのは、まちがいなくドンです。だから、ドン、僕はあなたに大きな借りがあるんです。

ケーススタディ❷ 不安を抑制する

パトリシアの場合

――私はいかにして〈サルを手なずける人〉になったか

パトリシアは、共通の友人を通じて私のところへやって来ました。最初は、タバコをやめるのを助けてほしいという相談でした。これは催眠療法のトレーニングにぴったりの仕事で、嬉しいことにすぐ成果が出ました。ただ、私には話してくれなかったのですが、当時の彼女の生活は、控え目に言っても苦難の連続でした。正直なところ、彼女がそれまでたいした支援もなく、やってこられたことに驚きました。数年後、彼女が再び私に会いに来たとき〈まだ禁煙は続いていました〉、ようやくそのことが口をついて出ました。パトリシアによると、当時は「自分の世界が崩壊しかけた」ところまで来ていたそうです。実際には崩壊しなかったとはいえ、そんなふうに見えていたとしても、私は驚きません。

パトリシアは、こうしたものすごくストレスのかかる自身の状況に対処していただけでなく、社会的弱者の世話をするという、ストレスの多い仕事に就いてもいるということでした。ということは、彼女の年老いた、哀れな〈頭の中のサル〉は、もうすでに何年も「非常態勢」を取っていたばかりでなく、日々の任務の負担も、かなりのストレスになっていたわけです。パトリシアは、少しずつパワーを失っていく電池になったような気持ちだったでしょう。しかも、いよいよ心配になってきたサルが自分に向かって「なんとかしてくれよ！」と叫んでいるのが、いつも聞こえていたでしょうから……。

やがて、いやおうなく、パトリシアは「心身ともに疲労困憊」しました。では、その極度の疲労にどうやって対処したのか。パトリシアはそれを彼女なりの語り口で楽しげに語っています。でも、実はパトリシアは、彼女に向けたＭＰ３も含め、私が提供する〈ツールボックス〉のツールを、すべて使いこなしました。パトリシアは今や、自分自身の脳をチューニングするエキスパートとなり、一人前の〈不安を抑制する人〉なのです。

今は12月、私は打ちひしがれています。この数年は、「何度も浮き沈みがあった」という言い方では生ぬるいほど大変でした。数年まえ、私のパートナーが、私たちの家に火を放ち、みずからの命を断とうとしました……。それが月曜日でした。金曜日、５日間収容されていた精神病棟までその人を迎えに行ったとき、医師から「彼から絶対に目を離さないように」と言われました。自宅に帰り、その晩、ベッドで横になりながら考えたんです。娘と私は安全なのだろうか、と。まさに自分の世界が崩壊しようとしていて、頭が真っ白になりました。

次の朝、起きてみると、パートナーは大丈夫そうでしたが、娘はちがいました。なにしろ、持ち物はすべて焼けてしまい、残っているのは、火事のあった日に着ていた服だけ……。娘は涙を流しながら「人生なんてくだらない！」と言い放ちました。娘のおもちゃは焼け、わが家にはクリスマスの飾りつけもありません。そのクリスマスも、おそらく〝くだらない〟ものになろうとしていました。

私は必死に〝幸せ家族〟を演じようとしました。「すべてうまくいく」というふりをしたんです。ふたりでショッピングモールに行ってクリスマスの買い物をしたらどうかな、と娘に言ってみました。もう何もひどいことは起こらないから――そう言うと、娘は納得したようでした。涙で濡れた目を拭いてやり、うさ晴らしの買い物にふたりで出かけました。

もう何もひどいことは起こらない――このことばを、ここ数年のあいだに何度、胸の内でつぶやいたことでしょう。娘と買い物に出かけた4時間後、兄から電話がありました。父がドクターヘリで病院に搬送されているところだというのです。結局、その週の終わりまでに、私は家を失い、持っていたものすべてを失い、父を失い、パートナーも（もう私が知っていた彼ではないという意味で）失いました。

私が本当に精神的な打撃を受けたのは、これが原因ではありません。父を失った精神的ショックは乗りこえました。いちばん必要としているときに私を残して逝《い》ってしまった父への怒りも、父が致命的な心臓発作を起こしたのは私のパートナーによるストレスのせいではないかという、頭のどこかにつきまとった疑念も乗りこえました。それと、あとからわかったのですが、私のパートナーは浮気をしていました。あの男のせいで、私たちはたくさんのものを失ったというのに……。でも、それもなんとか乗りこえました。こうしたことすべてに耐えぬいたのです。でも、最後に私に本当の精神的な打撃を与えたのは「不安」でした。

昔から、ずっと心配性でした。図書館から借りた本はすべて返しただろうかと気をもんで、眠れなくなることもありました。ほかにも、自分の人生に次々と予期せぬことが起こったらどうなるだろうとか、そのせいで何か恐ろしいことが起こるんじゃないかとか、とにかく心配してしまうのです。

その年の12月、ついに精神的にまいってしまい、まったく眠れず、食事ものどを通らず、ひたすら泣くようになりました。家から外に出るのがいやで、誰とも会いたくありません。どうなってしまうのかを試したくて、ただ猛スピードで車を飛ばしたりもしていました。運命の女神をあざ笑うような気持ちでした。私はそのころ、社会的弱者といわれる人たちと働いていました。仕事は大好きでしたが、自分がやらなくてはならない作業の無力感と、そういう人たちが置かれた状況は、どちらもひどいものでした。

精神的にまいってしまった日の前日は、救命処置のトレーニングを受けていました。心肺蘇生法《CPR》を教わったのです。トレーニングのあいだ、ずっと父のことを考え、どうして兄は父を救えなかったのだろうなどと考えていたら、どういうわけか、それだけですべてが崩壊しはじめました。振り返ってみると、それまで何か月も、ずっとぴりぴりしていて、頭がおかしくなるくらい、せわしなくしていました。というのも、ただでさえ忙しくて手いっぱいなのに、よくないことが頭に次々と浮かんできて止まらなかったのです。私は、ふさぎ込んだり、不安になったりする〝憂鬱症〟から逃げようとしていました。もしも、めちゃくちゃ忙しい状態がもっと続いていたら、お酒をもう少し飲んでいたら、がんばれたのかもしれません。でも、本当に、もう身も心もへとへとでした……。

次の日、仕事場に行ったとたん、わっと泣き出してしまい、涙が止まらなくなりました。もう、自分の感情から抜けだす道が見つかりませんでした。しかも、まわりの誰も助けてくれそうにありません。私はそのまま仕事を辞めて、母親のところに身を寄せました。こうして私は、さらに追いつめられてしまいました。

藁にもすがる思いからなのか、母が、もう一度〈サルを手なずける人〉に会いに行ったらどうかと言ってきました。その人は、私たち家族のよき友人を以前に助けたことがあり、私も数年まえにその人に助けられてタバコをやめています。タバコをやめたその日から、私は機会があるごとに、その人、つまりドンを称賛してきました。あまりにも熱烈にほめたせいか、母はドンを〝奇跡の人〟だと思うようになったんです。だから、私がひどく苦しんでいるのを見て、その人なら私に催眠をかけて、よい状態に戻してくれるかもしれないと考えたのです。

ドンに電話をかけると、数日後に会いましょうと言ってくれました。でも、セッションの日が近づくにつれ、自分の本心に気づきました。本当は会いたくなかったのです。頭の中で起こっていることを、他人に話したくありませんでした。母や友人には話したこともありますが、もううんざりでした。誰かに話したところで、事態は悪くなるばかりでしたから……。それなのに、また別の人に話すなんて、考えただけで耐えられなかった。誰にも私は治せない、私を助けられるわけがないのです。

それでもセッションに出かけたのは、ドンがいい人で、私のために貴重な時間をさいてくれたからです。相手がわざわざ会う時間を作ってくれたのだから、キャンセルするわけにはいかない。そんな私の律儀さからだと思います。でも、もしもこのとき会いに行かなかったら、今日、この文章を書いていたかどうか——。

では……ドンは私に、どんなマジックを使ったのでしょう？　どうやったら彼に会えるのでしょう？　実はありがたいことに、ドンに直接会ってもらう必要はないし、マジックもいらないんです。自分の不調を治すには、この本に書かれたツールを使えばいいのです。ドンはサルについてすべて教えてくれたけど、ほかにもたくさんのアイディアやツールを教えてくれました。そして、それらをMP3に吹きこんでくれました。聴いてみたら、実にすばらしいものでした。

ある日の午後、そのMP3でドンの話を聞いて、私は数日以内に仕事に復帰できると確信しました。トンネルの先に光が見えました。そして何よりも私には、それまでとはまるでちがう、ものの考え方が身についていました。それまではずっと、つまらないことでくよくよしていたけれど、そんなことで思いなやんだりしても、なんの役にも立たないのだと、そのときようやく気づいたのです。

心配していることの大半は実際には起こらない。それも学びました。すでに起こりかけているのであれば、今さら悩んだところで何も変わりません。心の鎮め方も学びました。貧弱な精神状態でアドレナリンが過剰に分泌すると、私はいつも戦闘モードになりました。だから頭を落ち着かせるのに時間がかかり、こうしたアドレナリンと戦うための鎮静成分を、体に作らせなくてはならなかったのです。

自分の内なるサルのことも、たくさん知りました。肩に載っているサルのことも、止まらないサルのおしゃべりのことも。人の脳を自己不信、つまり〈そうなったらどうしようという心配〉で充たすのは、いつもサルです。私はそのサルを黙らせなくてはならなかったのです。いつも頭の中に〈些細なことで大騒ぎ〉するサルがいたら、リラックスできるはずがありませんよね？

だからマジックなんていりません。〈サルを手なずける人〉のことばに耳を傾ければいいのです。そして、本書を通じて、どうすればあなた自身が〈手なずける人〉になれるかを学べばいいのです。

アナベルの場合

――ヴィンスという名のサル

アナベルはとても気品があって、かっこいい女性です。身のこなしも鮮やかだし、姿勢もしゃんとしています。でも、実は驚くようなことではありません。彼女はダンス競技の選手なのですから！　しかも、彼女の話はわかりやすく、ユーモアのセンスも抜群です。アナベルを彼女のサルに引きあわせたところ、彼女はサルを〝ヴィンス〟と名づけました。

アナベルは長年、さまざまなスポーツで競ってきました。だからヴィンスが、とんでもなく手がかかり、アナベルにかなりのプレッシャーをかけ、いろいろと詮索してくるのがわかっても、驚きではありませんでした。でも、このあとに語ってくれるアナベルの感動的な話を読んでもらえればよくわかりますが、年をとった哀れなサル、ヴィンスには、心配事がたくさんあったのです。

アナベルと私は、ツールのメニューをほとんどすべて試しました。まずは〈サルには警戒を〉からはじめ、次の〈カイゼン〉はとても効果的で、アナベルはダンサーならではのステップを踏みながら、回復への道のりを歩んでいきました。最近は〈不安を抑制する〉クラブのＶＩＰ会員です。というのも、彼女が主に用いたツールは、彼女に向けたＭＰ３だったのです。アナベルは、「録音されたMP3が、よりどころと自信を与えてくれたので、いつもヴィンスが私にぶつけてくる〝たわ言〟にも、うまく対処できました！」と言ってくれています。あるとき、アナベルにこう言われました。「踊ることの極みは、自分が音楽そのものになることなんです」と。彼女がその極みに達したのはまちがいありません。人生でも、ダンスフロアでも。ダンサーがついに、ダンスそのものになったのです。

ドンのことを知ったのは、彼のクライアントと偶然会ったのがきっかけでした。その人が、セッションの予約時間のまえに婚約者と買い物に出かけたら、私とばったり会ったというわけです。どういういきさつだったか忘れましたが、気づいたら私たちは、その場で熱心に話をしていました。そして、その2年後、私はバースにあるドンの自宅の、暖かくて魅力的なスタジオにいました。どうしても自分の人生を変えたかったのです。

でも心のどこかで、人生を変えるなんて無理な相談だろう、そう思ってもいました。私の場合、頭の中で消極的な筋書を延々と思いうかべてしまい、それがやめられなくなるんです。ずっと競技スポーツに関わってきましたが、忍耐強くがんばって自分の潜在能力を思う存分発揮できた、ということがありませんでした。それが、あるときスポーツで競うのはもうやめて、ダンスでもしてみようかな、という気持ちになったのです。

ところが、いったんはじめたら――私らしいと言えば私らしいのですが――ダンスにのめり込んでしまい、ダンスの教師とデートまでするようになりました。ほどなく毎日、彼のレッスンを受けるようになりましたが、心のどこかで、何かがちがうと感じていました。レッスンのまえも、レッスンの最中も、いつも緊張していて、でも、それは完璧でいようとしがちな自分の性格のせいだろうと決めつけていました。ところがドンとセッションをしたことで、そういう神経過敏が起こるのは、私のサル〝ヴィンス〟が抗議しているからなのだと知りました。では、なぜ彼は抗議してくるのか？　その点はのちほど触れます。

ボーイフレンドになったダンスの先生に、競技会へのエントリーについて話してみたら、どうやら彼は競技会に出るつもりはなさそうでした。私は急に、自分に自信が持てなくなりました。つまり、もしもレッスンのときみたいに緊張したら、人と競い合う状況でどうやって自分の不安をコントロールできるのだろうか――。そんな葛藤が生まれました。自分の〈内なる声〉があまりにもたくさん聞こえてきて、どれが自分の声なのかも、よくわからなくなりました。

ドンには、自分の生い立ちもすべて打ちあけました。実は、私は養女で、赤ん坊のときに厳格で保守的な中流家庭に引き取られています。その家庭の父親は独裁者みたいな人で、母はその父の言いなりでした。子どものときはずっと、男のきょうだいにいじめられました。いま思うと、私が何事においても絶対に「勝ちたい」と思うのは、誰かに受け入れられたいという気持ちからなのかもしれません。あとでわかったのですが、私のサル〝ヴィンス〟

は、私が人から失望されたり、批判されたり、拒絶されたりすることがないよう、私を守っていてくれたのです……。物事が困難になると、私がいつもあっさりとあきらめてしまったのは、そういう理由からだったのです。

これものちにわかったのですが、私のダンスの先生兼ボーイフレンドにも問題がありました。そのひとつが、私を教えている最中に、態度をころころ変えることでした。そのせいで私は、自分はダンスで大きな足跡を残す運命にあると思うこともあれば、自分はダンスには向いていないと、すっかりやる気をなくしてしまうこともありました。あるときなど、私はレッスン中に自分の顔をこぶしで叩きだし（わかってます、わかってますって！）、そのあとスタジオのフロアにあった椅子を破壊してしまいました。またあるときには、レッスン中に彼とペアを組んでいたら、強引に別のステップを踏まされ、恥をかかされた気がして、相手の体を突きとばしたこともありました。彼から、冷やかし半分で口笛を吹かれたこともあります。こういったことをしておきながら、あの人には、どうやら悪気はないらしいのです。ずいぶん長いあいだ、こんなことが続き、でも、そのあいだにはいいこともあったものですから……それで……。

ええと、時間を少し早送りしましょう……。ドンと初めて会った数か月後に、私は重い病気にかかりました。10日間も入院していたので、頭の中のおしゃべりにじっくり耳をすまし、考える時間がありました。私が出した結論は、ヴィンスは確かに過保護だけど、私のダンスの先生についての意見は、まちがっていないというものでした。

人生を変えてみせる——病床でそう誓いました。その1、高速道路での運転を再開する。その2、ダンス教師兼ボーイフレンドの男は捨てる。その3、新しいダンスの先生を見つけて、その人とは恋愛関係にならない！　その4、競技ダンスをはじめる。

この文章を書きながら、棚に飾った小さなトロフィーを見ています。最近、ダンス教師と生徒が参加するダンス競技会でもらったのです。イングランド各地で、さらに海外でも競技ダンスに参加しています。ダンスを通じて新しい友人もたくさんできました。もちろん勝つのは嬉しいけれど、それより少し自慢に思えるのは、自分が挑戦したという事実なのです。

ヴィンスと私は、今では協力しあう関係です。依存しあう関係ではありません。私たち——つまりヴィンスと私——は、私が病気から回復したあと、丸1年かけて、こうしたことをなしとげてきました。嘘でもなんでもなく、ヴィンスも私も、最初はとてもびくびくしていました。でも、心の準備はできていました。そして音楽が流れだしたら……すばらしいマジックが起こったのです。

あとはただ踊るだけでした。

パート3

悩む人から闘う人へ

思いがけないマインドコーチ

さて、これで皆さんはすべてのツールを手にいれました。これからはご自身の〈頭の中のサル〉を手なずけて、いろいろな面で、人生をよい方向に変えていけるはずです。ご自身のマインドコーチとなって、自分で意思決定を行う準備はすべて整いました。あとは穏やかな気持ちで、リラックスして、自信に充ちた未来を待ちのぞむだけです。それは、不安に惑わされることもなく、毎日が快食快眠で、生きることが楽しく、日ごとに最高の自分になっていく、そんな未来です。

とはいえ、前方に見えるこの美しい人生に、足取り軽く歩んでいくまえに、最後に少し、警告をしておきます。〈思いがけないマインドコーチ《アクシデンタル・マインドコーチ》（ＡＭＣ）〉には目を光らせましょう！　ではここから、それがどういうことかをお話しします。

よく思うのですが、この〈思いがけないマインドコーチ〉によって、どれだけの潜在能力が失われ、どれだけ多くの夢が崩れさり、健康さえもが、どれほど損なわれてきたことでしょう？　こんにちのようにテンポの速い世界は――どうかすると頼まれもしないのに――人にアドバイスを与えたり、コメントしたり、批評したり、分析したりする人であふれかえっています。おかげで、多種多様な人たちからの意見がなければ、物事の信頼性の高さを保つのさえ、むずかしくなっています。公正を期するために言っておくと、こうした〝助言者〟の中には、悪気のない人もいます。しかし、そうではない人も、まちがいなくいるのです！　どちらのタイプも、ネガティブな精神的影響を他人に与えかねないという点では同じです。

では、〈思いがけないマインドコーチ〉とは、いったいなんでしょう？　いくつか例をあげてみます。まずは、かつていっしょに仕事をしていたレーシングドライバーから聞いた話です。あるレースの直前、乗車してスターティンググリッドで待機していたら、自分のチームのベテランスタッフが運転席に近づいてきて、彼の手を握り、こんな〝アドバイス〟をしてきたというのです。「よう、クラッシュはするなよ！」もしかしたら、レースまえ最後の、陽気な声かけのつもりだったのかもしれません。でも、実際には〈思いがけないマインドコーチ〉の典型です。

危険が迫っていたり、興奮していたり、感情的になっているときに聞かされるこうした発言は、意識の〝フィルター〟をすりぬけ、無意識の領域に**直接**向かってしまいがちです。それが現実なのです。先ほどの事例で言うと、決定的なことばは、明らかに「クラッシュ」です。かわいそうに、このレーシングドライバーの場合、そこから衝突《クラッシュ》の不吉なイメージが頭の中で渦巻いてしまい、止めようとしてもなかなか止まりませんでした。これは、時速約320キロで争うレースが始まる数秒まえに起きてほしいことではありません！

次に、私の知り合いで、世界的に有名なプロゴルファーがメジャーなトーナメント大会に出場したときのことです。距離はかなり短いものの、パー3のむずかしいホールが巡ってきました。まるで小さな池に浮かんだ島のように、グリーンが周囲を水で囲まれているのです。ショットを打とうとしたそのとき、ギャラリーの中にいた、本来なら〝自分を励ましてくれるはず〟の父親が、冗談半分で声を張りあげました。「池ポチャはダメだぞ！」そのあとどうなったかは、皆さんのご想像におまかせします……。

こうした〈思いがけないマインドコーチ〉の被害者は、なにも世界的に有名なスポーツ選手にかぎりません。私の妻ジェーンはテニスがとても苦手です。少なくとも本人はそう言っています。というか、そう確信しています。なぜかといえば、彼女は自分の〝手と目が協調していない〟と固く信じているのです。それが原因で下手なのかもしれないと彼女が思いはじめたのは、学生時代のことでした。ある先生がよかれと思って（本当にそうだといいのですが）、ジェーンはうまくできないバックハンドの練習を免除されたのです。「君は手と目が協調していないから仕方がない」というのが、その理由でした。ジェーンの学友も、テニスのパートナーも、コーチも、その説に異を唱えませんでした。ジェーンの両親から、「うちの娘はテニスがまるで苦手でね」と聞かされたときのことは、今でもはっきり覚えています。彼らがなぜそう思うかというと、なんと、「みんながそう言ってるから」だというのです！

妻は〝思いがけない形で暗示をかけられ〟、自分はテニスが苦手だと、ずっと信じこむように仕向けられていたのです。その証拠に、妻は同時にふたつ以上の作業をこなすことにかけては、かなりのすご腕です。クリスマスのときなど、15名分の食事に目を配りながら、キッチンでの作業に、飲みものに、プレゼントに、何やかんやを、この上ない正確さでこなします。同じように車の運転も巧みで、こちらも見事に手と目を協調させています。これで「手と目が協調していない」なんて、馬鹿げています。それなのに妻は、少女のころから〈思いがけないマインドコーチ〉たちに、そう言われ続けてきたのです。

対照的に、若いころの私は、かなりついていました。私の〈思いがけないマインドコーチ〉は、ほとんど全員が前向きな人たちでした。両親や仲のいい家族がかけてくれる励ましのことばには、ほぼ毎回、助けられたものです。あの両親のもとに生まれたのはとてもラッキーでした。さらにラッキーだったのは、ふたりに教わったことが、こんにちでもとても大切なものとなっていることです。悲しいかな、私のように恵まれていた人間は、どうやら少数派のようです。というのも、ティーンエイジャーのクライアントにしろ、日常生活で出会う子どもたちにしろ、たくさんの若者が、じわじわと迫る有害な影響に、日々さらされているという話を耳にするからです。

私たちはみな、〈思いがけないマインドコーチ〉の危険にさらされています。例をあげるなら、両親、祖父母、友人、コーチ、教師、弁護士、医師、美容師、パブの経営者、政治家、ポピュラーミュージックのスター、牧師、配偶者、メディア、ロンドンのタクシー運転手などなど……。そうした〈思いがけないマインドコーチ〉の影響を受けかねない人びとは、私たちの身近にあふれているのです。

これまでどれだけのティーンエイジャーが事実上、彼らの暗示にかかり、自分は成功できないと思いこまされてきたでしょうか?　どれだけの人が人生において〈思いがけないマインドコーチ〉に妨害され、〈ありもしない不安の世界〉へと引きずりこまれたことでしょう?

とくにソーシャルメディアは、かなり中毒性の高い〈思いがけないマインドコーチ〉になりかねません。ツイッター(現X)にしろ、インスタグラムにしろ、ユーチューブにしろ、そのほかのプラットフォームにしろ、本質的には個人的意見の〝無法地帯〟です。そのほとんどの運営元が、不適切な投稿をモニタリングしていません。ユーザーが自分の写真と、その下に短いコメントを載せてアップロードすると、あら不思議、あっというまに次から次へと意見が押しよせます。そうした意見は、もちろん、すべてが前向きのものとはかぎりません。まるで役に立たないものや、最悪の場合、どう見たって危険なものもあります。

ティーンエイジャーが外部からの影響を受けやすいのは確かです。脳の発達が充分ではありませんし、若者の生活においては、同調圧力がかなり強烈な場合があるからです。でも、外部の影響を受けやすいのは、ソーシャルメディアのユーザーすべてに言えることです。批判をまともに受けとめてしまう壊れやすい心の持ち主がデジタルプラットフォームを使えば、みずからを重大な危険にさらしてしまいます。ソーシャルメディアにあおられて自傷行為に走った人の話など、痛ましい出来事もあり、自分の子どもを、ときには自分自身をも、〈思いがけないマインドコーチ〉から守らなくてはならないのだと、改めて気づかせてくれます。ことさら大げさに騒ぎたてるつもりはありませんが、これは、場合によっては人の生死に関わる問題なのです。

では、どうしたら自分を〈思いがけないマインドコーチ〉から守れるでしょう? 残念ながら、彼らとの関わりを完全に避けるのはきわめて困難です。もしかすると不可能かもしれません。それでも行動を起こせば、ダメージを最小限に食いとめることはできます。あなたが使えるツールは、ふたつのタイプに分かれます。事前対応型と事後対応型です。

〈思いがけないマインドコーチ〉から自分を守るための事前対応ツール

❶ たびたび接触してくる〈思いがけないマインドコーチ〉を特定しましょう。必要ならリストを作成します。ただし、人に見せてはいけません。誰に警戒しなくてはならないのかを、自分の頭の中で、はっきりさせておくのです。自分がそうした人の影響を多分に受けて、〈物事の悪い面だけを見ようとする態度〉をとるようになるのを避けなくてはなりません。

❷ ソーシャルメディアのアカウントは、じっくり時間をかけて、本当に必要なものだけを選んで作成するべきです。〝完璧そうな〟生活を送り、自分が誰よりもずっといい暮らしをしている証拠写真のようなものを、毎日のようにアップロードしている人がいます。でも、そういう人をフォローしたところで、あなたにどんな得があるでしょう? また、あなたの投稿に誰かが不快なコメントをしてきたら、そういう人物はブロックするべきです。有害なコメントの危険からは、自分の身を守る行動を取らなくてはいけません。そして、身を守るためには、あらかじめ予防策を講じなくてはなりません。

ソーシャルメディアを使っているお子さんをお持ちであれば――実際には、21世紀に生まれた人ならほとんどすべての人が使っていますが――よく話しあって、ネット上の〈思いがけないマインドコーチ〉の危険性を自覚させてください。厄介な仕事だと萎縮してはいけません。毎日のように、子どもに物事を教えたり、しつけたり、面倒を見たりしているのに、さらに複雑で、ときにはよくわからないソーシャルメディアの世界に飛びこんでいくのは大変だ――そんなふうに感じている親御さんを、私はたくさん知っています。気持ちはよくわかります。そう考えるのも、当然といえば当然です。

しかし、どの親も、自分の子どもが14歳だったら、夜の繁華街に行って見知らぬ人に話しかけるなどということは許さないはずです。そして、その子どもが、たまたま会った人物にアドバイスを求めるなんて、言語道断でしょう。それなのに、事前に子どもに助言も指導もせずに、ソーシャルメディアでの人との交流を許すのはいいのでしょうか?

ただ、実際問題として、子どものソーシャルメディアの利用を監督するのは簡単ではありません。どうしたって、わが子をひそかに探っているように思えてきます。場合によっては、家庭内に緊張が走るかもしれません。しかしそれでも、ネット世界の住人となることがいかに危険かを説明し、〈思いがけないマインドコーチ〉に耳を傾けることのリスクを言って聞かせることはできます。また、**そうすべきなのです**。こうした対話をしなければ、子どもの精神的幸福を、現実的かつ重大な危険にさらすことになります。でも、大人がきちんと心を込めて、やさしく、支えとなるように語りかければ、子どもたちのメンタルヘルスに**大きな**ちがいをもたらせるはずです（公平を期すために言っておくと、ソーシャルメディアには、広範囲に及ぶプラス効果もあります。例えば、人と人とのつながりを密にします。すぐれた考えをもつ人物もいますし、新しいアイディアを考案する世界的なネットワークを構築することも可能です）。

❸どうして人は、自分からエネルギーを奪う人ではなく、自分の人生にポジティブなエネルギーをもたらしてくれる人と関わるべきなのか。それをじっくり考えてみてください。外からのネガティブな影響を受けないようにするには、次のようにしたらいいと思います。例えば、テレビを観るときは、いつも同じチャンネルに合わせない（あるいは電源を切ってしまう）、ラジオの選局を変える、明らかに友人ではないフェイスブック上の〝友人〟をブロックする、ツイッター（X）で〝馬鹿げた発言をする人〟のフォローをやめる、などです。

〈思いがけないマインドコーチ〉に対する事後対応策

さて、こうして〝常習犯〟を特定し、人づきあいの輪や、ネット上の活動を見直して、自分の生活に押しよせる〈思いがけないマインドコーチ〉の波をフィルターにかけたとします。それでもこうした厄介な人物が防御網をかいくぐり、ことばの爆弾を投げつけてきたら、どうしたらいいのでしょう？　たしかに、外部からやってきて人を悩ませるものの大半は、自分ではなかなかコントロールできません。でも、**それにどう対応するかは自分でコントロールできるはず**です。そうしなければ、〈思いがけないマインドコーチ〉があなたの研ぎすましたスキルを妨害し、あなたはますますミスを犯しがちになり、潜在能力を発揮することも、ポテンシャルを最大限に活かすこともできなくなってしまいます。

だとすると、もしもこうした〝招かれざる助言者〟が、有害な意見を抱えてなんらかの手段で接近してきた場合には、どう対処すべきなのでしょう?

❶ 自分は、目に見えないフィルターか、バリアに守られていると思って行動してください。とても頑丈なバリアなので、〈悪い面ばかり見ようとする態度〉は、それが誰のものであろうと、バリアに当たってはね返ってしまい、あなたが傷つくことはありません。どうにかして、このイメージを細かいところまで視覚化してください。〈思いがけないマインドコーチ〉の〈悪い面だけ見ようとする態度〉がバリアに当たってあさっての方向に飛んでいき、害のない破片に分解されたときの〝パリン〟という音さえ、想像の中で聞こえてくるようにしましょう。

❷ すでに〈思いがけないマインドコーチ〉のことばによって悪影響を受けている場合は、植えつけられた不本意な思考や感情を、今すぐ捨てさりましょう。あなたをネガティブな方向に向かわせる暗示については、よく考えて、でもすみやかに、正反対のポジティブなものに差しかえてください(ツール2を参照)。

❸ゆっくりと〈禅の呼吸〉をして、穏やかな気持ちを保ってください（ツール1を参照）。
❹すみやかに〝やればできる〟式の〈ハリウッド映画〉の脚本を頭の中で作成しましょう（ツール4を参照）。なにも、ほかの人の手による、暗くて希望のない未来を描いた映画にあなたが出演することはありません。自分でハリウッド超大作の脚本を書いて、その映画の監督、製作、主演をすればいいのです。
❺〈カイゼン〉ツールを使い（ツール3を参照）、どんな些細なことでもいいので、やりがいのあることを見つけ、それを毎日実行して自信を高めましょう。そうすれば、〈思いがけないマインドコーチ〉から激しい対空砲火が飛んできても、〈闘う人〉らしく対応できるというものです。
❻自分の中で、はっきり決めておきましょう。たとえ〈思いがけないマインドコーチ〉から「君にはできない」と言われたことがあっても、とにかく〈闘う人〉の甲冑を身にまといます。そして、「君にはできない」と言われたことを、とにかく実行するのです。

こうしたツールを使えば、人の行動を制限し、粉々にしようとする、彼らの〝アドバイス〟から自由になれるはずです。そうなれば、〈思いがけないマインドコーチ〉から受ける影響を、あらかじめ回避することもできますし、彼らがひそかに与えようとするダメージを最小化することも可能です。それでも、常に警戒は緩めないでください。アンテナを高く掲げ、レーダーの感度を上げて、〈思いがけないマインドコーチ〉がうろうろしていたら、すぐに気づくようにしてください。そこまでできたら、あらためてリラックスしましょう。あなたの手にはツールがあり、こうした〈思いがけないマインドコーチ〉にも、うまく対処できるとわかっているのですから。

本を閉じるまえに……

ここまで、ものすごく楽しみながら、皆さんのためにこの本を執筆してきました。その作業も、いよいよ終わりが近づいてきました。でも、皆さんの冒険はまだまだ続きます。どうかそれを忘れないでください。これからの人生の道のりを楽しむのが、いちばんの醍醐味なのです！

皆さんはここまでこの本を読んでくださり、私のアドバイスに耳を傾けてくれました。クライアントがセッションのために私の自宅を訪れるのと同じように。でも、人生における次の〝章〟は、かなりエキサイティングです。皆さんはもう、〈頭の中のサル〉がどのような働きをするかが詳しくわかっていますし、**自分の**心の〈ツールボックス〉も身につけています。つまり、この先ずっと、自分の人生をよい方向に変えていくノウハウもアイディアも、すべて手にしているわけです。あとは皆さんが**自分自身のマインドコーチになればいい**だけです。

呼吸を楽しみながら上手にエネルギーを補充するノウハウも身につきました。〈サルに警戒する〉ことの大切さもわかっています。小さな歩みを続けながら大きなちがいをもたらすことも、〈ハリウッド映画〉に主演して自信に弾みをつけることもできます。生活のスピードを緩め、脳トレを行い、免疫システムを強くする力もつきました。おまけに、安らかで、きわめて質の高い睡眠で一日を締めくくり、元気を回復することもできます。こうしたツールを手にいれたわけですから、不安や、ストレスや、憂鬱や、さらには日々直面するどんな障害物でも、食いとめる力が充分ついたはずです。

ツールの中には、事前対応として使えるものもあります。穏やかな気持ちで、リラックスして、自信を失わずにいられるようにするためのものです（ジョン・F・ケネディが言ったように、「屋根の修理は晴れた日にするべき」なのです）。何か試練に直面した場合に、すばやい対応を可能にするツールもあります。ばらばらになっていた心と体をひとつにして、サルから支配を取りもどし、生活のバランスを回復させなくてはならないときに使います。

こうしたツールを組みあわせれば、さらに自信がつくはずです。人生にどんな試練が待ちうけていようとも、身につけたノウハウとアイディアに従えば、試練を切りぬけ、立ちなおって、それまで以上の自分になれるのです！

最後に〝おまけ〟をひとつ。もしかしたら、これは私の仕事で、いちばんやりがいを感じる部分かもしれません。つまり、あなたがツールをうまく使いこなせるようになり、肌で感じられるほどプラス効果を楽しめるようになったら、きっとそれを近しい人にも伝えたくなってくれるということです。さらに皆さんは、自分の友人が他人からあまりに多くのアドバイスを受けているのを見て、その〝助言者〟は有害な〈思いがけないマインドコーチ〉だと気づくかもしれません。自分の家族が予期せぬ障害物を乗りこえようとしているのを見て、「このツールを使えば助けられる」と思うかもしれません。あるいは知り合いのティーンエイジャーが、「自分のサルについて知りたい。そのサルに名前をつけて、そいつから支配を取りもどしたい」と相談してくるかもしれません。この本で述べた、脳をチューニングするツールを使えば、どうすれば自分のマインドコーチとなれるかがわかるばかりでなく、それを自分の子どもや、家族や、友人にも伝授することができるのです。そして、そうすることによって、彼らが徐々にゆっくりと、マイペースで、〈悩む人〉から〈闘う人〉へと変わっていく手助けができるのです。

もしも私の父が、わずかな時間でいいので、この世に戻ってきてくれたら、自宅にやって来るクライアントをこの本でご紹介したツールを使って助けている私を見て、誇りに思ってくれるんじゃないか、そんな想像をしてしまいます。もしかしたら父は、北部の人間らしく口には出さず、自慢の息子だと言いたげな笑みを浮かべるかもしれません。読者がこの本に書かれたアイディアを理解して実行に移せば、そのアイディアをあちこちでいろいろな人と共有できる——それを知ったら、父はますます息子を誇りに思ってくれるでしょう。ちょうど父が、マンチェスターのハッターーズリー地区に、みずからのエネルギーと専門知識を広めたのと同じことが、皆さんにもできるはずなのです。アイディアを学んで習得したら、自分が助けたいと思う人びとに伝えればいいのです。ほかの誰かを助けることと以上に、自分の人生を豊かにする手段があるでしょうか？

さて、そろそろお別れのときが来たようです。皆さんはご自分の輝かしい未来に向かって歩んでいくのです。さあ、歩きだしてください。申し上げるべきことは、すべて申し上げました。今度は皆さんが、するべきことをする番です。あわてることはありません。心配する必要もありません。ただし、人生に試練は必ず訪れます。そうなっても逃げないことです。これからは、すべてがちがってくるはずです。皆さんがその試練にどう対応するかも、人生の浮き沈みにどう対処するかも、どのようにまえに進んでいくかも――。

人生はダンスです。レスリングの試合ではありません。それを忘れないでください。さあ、スピードを緩め、自分がボスであるのを思い出し、いつも必ず、自分自身にやさしくしてあげてください。

父が亡くなったあと遺品を整理していたら、ある新聞記事の切りぬきが出てきました。『マンチェスター・イブニング・ニュース』紙の記事で、父がインタビューを受けていました。父は昔、趣味で小型飛行機の操縦をしていたことがあるらしく、記事の中では「空飛ぶドクター」と呼ばれていました。じっくり記事を読んでいくうち、あっと驚きました。父はときどきスカイダイビングをしていたというのです――。これは初耳でした！　いったいどうしてそんなことをしていたのかと記者に聞かれた父は、こう答えていました。「毎回、飛行機からパラシュートをつけて飛びだし、無事に地面に着地しますよね。すると、そのあと数週間は、何があっても気にならなくなるんです」

この逸話は、いろいろな意味で、いま皆さんがいる地点を鏡のように映しだしています。世の中には新しい未知の世界があります――それは、興奮や、よろこびや、達成感、そして苦労や努力が報われる瞬間に充ちた世界です。そして皆さんは今、この人生が提供する、あらゆる未知の驚異に飛びこんでいくのに、ふさわしい人となりました。新たに手にした専門的な知識と自信がパラシュートとなって皆さんを支え、危険から守ってくれるとわかっているのですから。あとは、最初の一歩を踏みだすだけです。

さあ……何を待っているんですか？　輝く太陽の光とすばらしい未来の中へ飛びこむのです。世の中は途方もなくすばらしいところです。さあ、楽しんで！

ただし、くれぐれも自分が頭の中で考えること——つまり、サルがあなたに言ってくること——を、すべて信じてはいけません。

エリートスポーツ選手たちが語る、著者ドン・マクファーソン

❖ジョージ・フォード（イングランドの有名ラグビー選手）

「近年でも、みんながあまり時間を注ぎこんでいないのが、メンタル面でのトレーニングです。みんな、体はきたえます。グラウンドでも、ジムでも。でも、実はメンタル面が重要なんです。ドンは実にすばらしい人です。私たちにツールを授けてくれます。そのツールはどこへ行っても使えるし、まちがいなく脳のトレーニングにもなるんです」

❖アンソニー・ワトソン（イングランドの有名ラグビー選手）

「私の、試合でのパフォーマンスや、緊張感をコントロールしたり気持ちを鎮めたりするメンタル面へのプラス効果は、とても大きかったです。ドンが私のためにしてくれたことについては、いくら感謝しても感謝しきれません」

❖デイモン・ヒル（1996年F1世界チャンピオン）

「初めてドンに会ったのは1997年ごろです。当時、私はまだレースに参戦していました。ふたりでスポーツにおける精神力について、いろいろと話しあいました。当然のことながら、私にとってもとくに関心のある分野なので、彼がよく理解した上で、そうした話をしているとすぐにわかりました。スポーツをしていると、人の心がよくわかります。そうやって学んだスキルは、人生のすべての分野に応用できるんです。では、現代の西洋文化の猛威に立ちむかおうとする若者たちを、私たちはどのように助けたらいいのか。ドンがなんと言うか、ぜひ知りたいですね」

❖パット・キャッシュ（1987年ウィンブルドン選手権チャンピオン）

「私がマインド・マネジメントを試してみることにしたのは、プレッシャーや、周囲からの期待や、ケガや、多くのアスリートがキャリアの終わりに直面する不測の事態への対応に役立つだろうと思ったからです。ドンのマインド・マネジメントは、本当にプラス効果がありました。そして、プロスポーツ選手の心に関する彼の知識は、控え目に言っても、感動的でさえありました。何が地雷原となって、人の気持ちを乱したり、問題を引きおこしたりするかを察して、それを回避する能力がドンにはあるのです」

❖ココ・バンダウェイ（ダブルスで全米オープン優勝、シングルスでは4大大会で2回ベスト4に進出）

「ドン・マクファーソンと言えば、サルにささやく人とか、サルを手なずける人とか、〈ジャガー〉の車を愛する男でしょうか……。でも私は、ドンをこう呼びたいです。〈私がまちがっていることを証明してくれた人〉だと。私って、自分がまちがっていても、なかなか認められないんです。初めておしゃべりをしたとき、ドンは自分がどういう人間で、どういう仕事をしているかを、ざっと教えてくれました。ああいった訳のわからない話って、たいていの人には刺激的なのかもしれません。でも、私はまじめ一辺倒のアメリカ人ですから、こう言ったんです。『たしかに、かっこいいですね。でも、メンタルコーチなんて、なんの価値もありません。私がまちがっていると言うなら、それを証明してもらえませんか』ってね。ええ、前言は撤回します。どのMP3の録音も、スカイプでの会話も、ドンの自宅のあるイングランドのバースまでの旅でさえも、時間をかけるだけの価値はありました。今の私は、ぬいぐるみの〝ココ・キャット〟みたいに落ち着いて、冷静になりましたから！　ドンは私の〈頭の中のサル〉を手なずけながら、私がこれまで到達できそうになかった高みまで連れていってくれました。テニスにおいてだけでなく、人生においても。……実にすばらしい（とドンなら言うでしょうね）」

❖アレクサンダー・ロッシ（インディカーレースに参戦するアメリカ人ドライバー、インディ500優勝）

「ドンと仕事をすることにしたのは、レーシングドライバーとしてのキャリアにおいて、レース以外で下した最高の決断のひとつでした。モータースポーツは、体の強さや勇敢さだけではなく、メンタル面を競うゲームでもあるんです。多くのドライバーが、精神的な壁を克服しようとして悪戦苦闘しています。私たちは時計との戦いのみならず、ほかのチームやドライバーとも競うので、ものすごいプレッシャーがかかります。それが〝壁〟となるのです。ドンは、こうしたプレッシャーをすべて細かく分類するツールを伝授してくれました。おかげでハンドルを握っていても、自分のベストを尽くし、レーシングカーから最高のパフォーマンスを引きだすことだけに集中できるようになりました。ドンに助けてもらったおかげで、〝今〟に集中できるようになりましたし、どうしても出したかった結果を出す自分の姿を視覚化することができました。頭の中をはっきりさせる練習は、この5年のあいだ、レーシングカーに乗りこむたび、さらにはふだんの生活においても行ってきました。ドンの助けがなかったら、今の私はない。そう言ってまちがいないと思います」

❖**中嶋一貴**（F1ドライバー、ル・マン24時間レース優勝3回）

「ドンのセッションを受けるようになったころは、〈ウィリアムズF1〉チームに所属していました。当時は、いろいろな新しい試練と向きあわなくてはなりませんでした。例えば、レース場を走るときのとてつもないプレッシャーとか。それがドンのセッションを受けたら、明らかに自分の脳内の〝サル〟に対処できるようになり、レーシングカーの車内で自分がするべきことに集中できるようになったんです。瞑想や、呼吸法や、視覚化を行うセッションは、今もすべて頭にはっきり残っています。

私の貴重な財産です。教わったノウハウは、極限の状況だけでなく、毎日の暮らしでも役立つと思います。本書が、助けを必要とする多くの読者に読まれることを願っています！」

❖デイヴィッド・ブラバム（F1ドライバー、2009年ル・マン24時間レース優勝）

「1987年のことでした。自分のメンタル面が不調になり、その影響で、レーシングカーの運転がありえないレベルまで落ちてしまったんです。そこからが長い道のりでしたが、やがてわかってきました。私たちひとりひとりが、どうして今のような自分になったかを考えてみるとき、精神面が果たした役割が大きいのです。それが理解できたときから、どのように自分の思考を向上させれば、運転にプラスアルファが生まれるかを考えるようになったんです。ドンと知り合えたことは、とてもラッキーだったと思います」

❖ケリー・スパックマン博士（認知神経科学者）

「端的に言えば、ドンには効果があるものと、効果のないものがわかるんです。だから彼のアドバイスは信用できるのです。世界で最も成功したアスリートたちが信用してきたように。長年にわたるドンとの仕事は、まさによろこびでした」

❖**マイク・フォード**〈〈レスタータイガース〉現コーチ、〈イングランド・アンド・アイルランド・ラグビーユニオン〉前コーチ〉

「私が必要としていたのは、選手たちを〝よりすぐれたラグビー選手〟にしてくれるメンタルスキルのコーチであって、アマチュアの心理学者ではありません。ドンはそれを最初から理解してくれました。選手はみな、ドンの教え方が気に入りました。〝脳がどのように働くか〟を、彼らにも理解できるようにわかりやすく説明してくれましたから……。でもこれは、簡単にできることではありませんよ。何しろ、教える相手は40人の、それぞれ異なる人間で、それぞれが学習の仕方もちがえば、物の見方もちがい、彼らの思考はもちろん、ラグビーに根差した独特のものなのですから。あえて言えば、もっと早くドンに会えていればよかった。なぜなら、ドンが伝授してくれたツールのおかげで、人生をもっと楽しめるようになりましたし、人としても向上できましたから」

❖**アーノルド・シュワルツェネッガー**〈俳優、元ボディビル世界チャンピオン、元カリフォルニア州知事〉

「よく知られていることばだが、スポーツマンの心理に詳しいドン・マクファーソンはこう語っている――自分が勝利する姿を頭の中で描くことができれば、勝者になれる」

謝辞

まずは、わざわざ時間をさいて、拙著を読んでくださったすべての方にお礼を申し上げます。気に入ってくださったらうれしいです。皆さんがこの本から何かをつかみ、心が穏やかになり、リラックスして、自信をつけることができたら……そして、皆さんがご自身のマインドコーチに、脳をチューニングする人になれたら……そう願ってます。

いちばん感謝しなくてはならないのは、妻のジェーンです。私を信頼し、「やりたいことをさせて」くれました。この本を書いているあいだ、ほかのことは事実上、すべてジェーンがしてくれました。はっきり言って、ジェーンがいなかったら、この本の執筆はできなかったでしょう。書くべきことが何も頭に浮かばなかったでしょうから。すべてについて感謝しているよ、ジェーン……。

すてきな娘たち、ケイティとハンナもありがとう……。今のままの君たちでいてくれることに感謝します。おしゃれで、ウィットに富んでいて、思いやりのある女性になったふたりを、心から誇りに思います。

今、亡き父に「ようやく本が一冊おわったよ」と言ったら、おそらく父は私がようやく「本を一冊読みおえた」と思うでしょう。まさか書きおえたとは思いもしないはずです！　ですから、この本の出版を実現してくれた、ミシェル・シグノアと〈トランスワールド・パブリッシャーズ〉の才能豊かでクリエイティブなチームの皆さんに心から感謝を。同じく、よき助言者となり、ウィットと知恵を授けてくれて、どこまでも忍耐強くいてくれたマーティン・ローチにも大いに感謝します。〈サルを手なずける〉というコンセプトは本になりそうだと気づき、私の執筆が専門家の協力を要する箇所に差しかかると、絶妙のタイミングで彼らを紹介してくれた、ナタリー・ジェロームにも感謝を。

友人で、テニスのパートナーでもあるピーター・ガブリエルにも心から感謝を。31年まえ、進むべき道に迷っていた私の背中を押してくれました。私が長くてエキサイティングな旅に乗り出し、マインドコーチになれたのは、まちがいなく彼のおかげです。ありがとう、P・G！

最後に大事なことを言い残していました。スポーツ関係であれ、ほかのどんな理由であれ、マインドコーチングを求めて私のもとへ来てくれた、すべての方にお礼を申し上げます。おかげで、皆さんの旅に、ほんの少しだけ関わることができました。私にとっては名誉なことですし、まちがいなく皆さんから多くのことを学ばせていただきました！

あなたに向けた音声データについての注意書き

以下のＵＲＬかＱＲコードにアクセスして、あなたに向けた〈不安を抑制する〉音声データを聴いてください。内容はリラクゼーションと視覚化ですが、とくに、不安を軽くすることを目的としています。これを聴けば、心が穏やかになり、リラックスして、自信を持てるようになるはずです。目を閉じても支障がなく、できれば終了するまで（約20分）邪魔がはいらない場所で聴いてください。どうか楽しんで！

〔編集部より：本書では、以下の動画をご覧いただけます。①著者オリジナル音声による英語版（英日字幕つき）、②日本語ＡＩ音声による吹き替え版〕

（英語版オリジナル制作スタッフ／音声編集：ジョナサン・ガーサイド／作曲：クリストファー・ロイド・クラーク／ナレーション：ドン・マクファーソン）

https://futami-23.notion.site/73d9d917c5634b0896e8a8fc447c32cd

（短縮ＵＲＬ）https://tinyurl.com/346bjp4x

著者略歴

ドン・マクファーソンは、イギリス人のマインドコーチ。現代神経科学についての幅広い造詣に加え、マインド・マネジメントの手法と催眠療法によってコーチングを行う。大勢の世界レベルのスポーツ選手のマインドコーチを務めたことで注目を集めた。

彼のコーチングを受けた人の中には、日本の中嶋一貴選手をはじめとするF1レースのドライバーや、プレミアリーグ所属のサッカー選手、国際的なラグビー選手やテニスのウィンブルドン大会のチャンピオンもいる。スポーツ選手以外にも、30年以上にわたって、不安や、ストレスや、自信喪失や、人間関係の問題など、さまざまな問題を抱えた人びとを、数えきれないほど助けてきた。やりがいはあるが、むずかしい、「マインド・マネジメント」という概念も、ドンの手にかかると、理解しやすく、実行しやすいものとなる。

大の親日家で、何度も日本を訪問し、日本語を学び、日本産のウイスキーをこよなく愛する。

ブックデザイン　フロッグキングスタジオ
本文DTP　横川浩之
翻訳協力　株式会社トランネット
（www.trannet.co.jp）

モンキーマインド：
頭《あたま》の中《なか》の〈おしゃべりなサル〉を手《て》なずける

不安《ふあん》やストレスを解消《かいしょう》し、人生《じんせい》を劇的《げきてき》に改善《かいぜん》する10の方法《ほうほう》

2024年5月10日　初版発行

著　者　ドン・マクファーソン
訳　者　外村次郎
発行所　株式会社 二見書房
東京都千代田区神田三崎町 2-18-11
電話　03（3515）2311［営業］
03（3515）2313［編集］
振替　00170-4-2639
印　刷　株式会社 堀内印刷所
製　本　株式会社 村上製本所

落丁・乱丁本はお取り替えいたします。
定価は、カバーに表示してあります。

ISBN978-4-576-24024-4
https://www.futami.co.jp/

二　見　書　房　の　本

元米軍尋問官が教える
本音を語らせる技術

レナ・シスコ＝著
熊谷小百合＝訳

嘘を見抜き、知りたい情報を引き出す、
「戦略的なコミュニケーション」の極意。
仕事や家庭で使える実践的なテクニックはもちろん、
アルカイダやタリバンらの尋問を担当してきた
米軍時代の知られざるエピソードも満載！

絶　賛　発　売　中　！